未读 ADR 思想家

UNREAD

数据如何误导了我们

THE NUMBER BIAS

普通人的统计学思维启蒙书

[荷] 桑内·布劳 著

冯皓珺 译

Sanne Blauw

SPM

南方出版传媒

广东人民出版社

·广州·

献给我的母亲

目录

桑内·布劳

数据分析记者

作为一名计量经济学家，我的工作就是和数字打交道，它无处不在——数字能反映出你在学校的表现怎么样、你的体重是多少，以及经济是否在增长。但数字同时也会误导我们。我的任务就是将数字摆到正确的位置上：它既不是一切的基石，也并非一无是处，它应该和文字结合使用。

前言　拨开数据的迷雾

她拉开推拉门，走进了这间布满灰尘的办公室，又和我握了握手。“我是胡安妮塔。”她穿着一件宽大的浅色毛衣，这使她看上去更为瘦小。胡安妮塔在我对面那张折叠椅上坐定了之后，我用西班牙语跟她解释说，我来自荷兰的一所大学，到玻利维亚来是想做一份关于幸福指数和贫富差距的调研。我告诉她，下面我将问她一些问题，了解一下她对自己的生活和国家的看法。

我对这类谈话早已驾轻就熟。塔里哈是玻利维亚的一座小镇，靠近阿根廷边境，而我在这儿采访当地居民已经整整十天了。为了采集到足够的数据，我和摆地摊的妇人聊过天，与种草莓的农民喝过啤酒，还和几个家庭吃过烧烤。之前有一位妇女组织的干事愿意帮我和当地的家政人员，也就是像胡安妮塔这样的妇女取得联系，于是我带着一摞问卷来到了该组织的办公室。

“我们开始吧。”我说，“你今年几岁？”

“58岁。”

“你是哪个族裔的人？”

“我是艾马拉[1]人。”哎哟，我想，她可是当地原住民呢。我以前还真没碰见过几个。

“你的婚姻状况是？”

“单身。”

“你识字吗？”

“不识。”

“你会写字吗？”

“不会。”

我又陆续询问了她的职业和受教育程度，还有家里是否有手机、冰箱和电视机等问题。

“我每个月赚200玻利维亚诺[2]。”我问到她的收入时她告诉我。这个数字远低于玻利维亚总统埃沃·莫拉莱斯不久前刚提的最低工资标准815玻利维亚诺。“要是我向老板提出涨薪的要求，我怕她会解雇我。所以我现在只能住在‘卡皮塔’里。”我顺手把“卡皮塔”这个词写了下来，但我当下并不明

---

[1] 艾马拉人（Aymara）：南美洲安第斯及阿尔蒂普拉诺地区的土著民族。——译者注，下同

[2] 玻利维亚诺（boliviano）：玻利维亚货币，1玻利维亚诺约等于1.02人民币。

白它是什么意思。之后我才了解到，这是一种小帐篷。

问卷的最后一部分是调研的核心内容，即幸福指数和贫富差距。我在荷兰鹿特丹伊拉斯谟大学的办公室位于教学楼的11层。我在办公室墙上贴着5张用幻灯片制作的图表，每张都代表了一种收入分配的方式。当时我的教授还特意让我再三确认，所有图表的尺寸都一样。

但是，来到玻利维亚调研的第一天我就发现，贫富差距的问题不适用于每个人。我之前采访过摆地摊的妇女，她们就看不懂这些图表的意思，更别提不会读写的胡安妮塔了。所以我决定跳过这部分。

然而，我还没来得及问下个问题，胡安妮塔却开口了，她坐直了身子，说："你知道玻利维亚是怎样的吗？这个国家有非常多的贫困户，还有极少数的超级富豪。两者之间的贫富差距会变得越来越大。在这里，人与人之间根本就没有任何信任，你说这疯狂不疯狂？"

其实，胡安妮塔在毫不知情的情况下，已经回答了A图表中的问题，同时还回答了我的另外两个问题：对未来的展望和对国民之间信任度的看法。之前我真是小看她了。对此，我感到一丝丝羞愧，但我假装若无其事，继续提问。还剩下最后几个问题。

"请你用数字1—10表示你现在的幸福指数。"

"1。"

“那未来五年内你觉得自己的幸福指数会是？”

“1。”

我想，正是从 2012 年的那次采访开始，我对数字产生了一丝犹疑。在那之前，我主要是一个“数据消费者”——从报纸或新闻上读到数据，从导师那儿获取研究计量经济学的数据，或是从世界银行和其他组织网站上记录它们的官方数据。

但此刻，我没有可用的现成数据了，我成了一个“数据采集者”。一年之后，我开始攻读博士学位，并选择把数字作为研究课题。但与胡安妮塔的对话却动摇了我。我研究了她的幸福指数，却不能用一个数字来概括她在小帐篷里的生活；我了解了她对贫富差距的看法，却不知道该把答案放进五张图表的哪一张。她说的大部分内容都与数字无关，最终却都是用数字表示的。

胡安妮塔还教会了我其他东西。“我”深深地影响着数据最终呈现出来的面貌。是“我”认为幸福感很重要，因此想将它量化并表现出来；是“我”坐在自己的办公室中选择用抽象的问题与图表做调研；是“我”觉得胡安妮塔不够聪明，无法回答有关贫富差距的问题。是我，是我，是我，全是我。换作其他人拿着一样的问卷，只要观点或者出发点不同，都很可能得出不同的结论。数字本应该是客观的，但那一刻我突然发现，它与研究人员的联系却如此紧密。

结束了和胡安妮塔的谈话后，我在 Excel 表的第 80 列记下了有关她的数字：年龄 58，月薪 200，幸福指数 1。这些数据看起来和我往年下载的数据一样简洁，但我突然意识到，这份数据带有欺骗性。

从儿时起，我就特别擅长一切与数字相关的东西。刚刚学会数数不久，我就开始玩点线成图[1]的游戏了。在我人生最早的记忆里，有次在德国黑森林度假，我就用这个方法画出了雪人和云朵。不久之后，祖父母送了我一台带闹钟的收音机。一到晚上，我就盯着那上面的 LED 灯，把显示出来的 4 个数字各种加减组合，组成新的数字。数学是我中学时最喜欢的一门课，最后，我也选择了计量经济学作为读博期间的研究方向。我学习了所有经济模型背后的统计学知识，并用它们计算、分析和编程。后来我明白了，小时候玩的点线成图游戏，其实也是在寻找一种数字的组成模式。

不过，数字在我的生活中还扮演着另外一种角色：它给予我支持与慰藉。5 岁到 26 岁的求学生涯里，我收到过许多份成绩单和评估报告。我用上面的数字衡量我在学校的表现：得了低分会让我沮丧不已，而得了高分我就能兴奋得上天。

[1] 点线成图：一种儿童益智类游戏。在一页纸上有若干个小点，每个点旁边有一个数字。将点按数字从小到大的顺序连起来，就可以组成不同的图案。

只要考试成绩还算满意，哪怕几天后就把知识忘得一干二净，我也毫不在乎。走出校园以后，我也依旧被数字掌控。从玻利维亚回来后，我看到自己在体重秤上的重量：56 千克。我用它算了一下我的 BMI 指数[1]，才 18.3，顿时为自己的好身材而骄傲。

被数字驱使、掌控的人可不止我一个。大学里的同事们要是想升职，就必须在科学期刊上发表足够多的论文；在我母亲工作的医院里，大家每年都会紧张地等待《大众日报》上的"全荷兰前 100 强医院"名单公布；我父亲必须在 65 岁退休。

后来我才意识到，和胡安妮塔的谈话让我看见了这类数字背后的一些重要的东西。就像我影响了自己采集来的数据一样，别人也影响了我和我周围的人用来指导自己生活的那些数字。大学教授定下了升职的论文数量标准；医生确定了 BMI 指数的正常值范围；政府决策者则决定了你的退休年龄。

2014 年博士毕业后，我决定投身新闻行业，因为和胡安妮塔的谈话让我发觉：这些数字背后的故事，比数字本身更有意思。我在一个叫 De Correspondent 的新闻网站担任数据分析记者。"分析"一词在这里有双重含义，我不仅要向读者解释

[1] BMI 指数：即 Body Mass Index 指数，又称身高体重指数，是反映人体整体营养状态的指标。

这些数据如何得来，同时我也会和他们探讨：我们是否要降低数字在社会生活中的重要性？我们可以不分析数字背后的含义吗？

很快我就发现，自己提出的这些问题是有必要的。因为读者会发给我一些糟糕的问卷调查、模棱两可的科学研究，以及带有欺骗性的图表。这些错误我在读博期间也曾犯过。在做了几次小型报告会和读了别人给我写的评论后，我渐渐发现自己的数据样品并不具有代表性，而且我还混淆了其中的相关性和因果关系。而现在我看到的是，当记者在全球报道新闻时，当政府官员制定政策时，当医生为大众的健康做决定时，他们犯着和我当年一样的错误。这个世界充斥着各种烂透了的数据。

生活中，我们也要和其他各式各样与数字有关的信息打交道。家长收到托儿所发来的自家 1 岁小孩的情况报告；交警在街上开着数额不一的罚单；优步司机因为评分过低而无法继续开专车。

于是，我渐渐明白：从退休年龄到脸书点击量、从国内生产总值到我们每个人的收入，是数字决定着世界的面貌，并且现在看来，数字的影响力还会持续增加。大数据算法已经像雨后春笋般进入了政府和企业中。慢慢地，人们再也不需要亲自做决策，通通改成由数据模型代劳。

数字似乎已经深深地催眠了我们。一个人写的文字，会很容易受到他人的抨击和批评，但同样一群人，对数字的包容度却比对文字要大得多。同时，在新闻领域做了几年研究之后，我得出了一个结论：数字在我们的生活中已经变得过于重要。数字的导向性已经大到让我们再也无法继续忽视滥用数字的现象。是时候揭开数字背后的真相了。

但是，本书不是要读者去抵制数字。数字本身和文字一样是无辜的，犯错的是数字背后的人。本书讲的就是这些人，讲的是他们的直觉、认知偏差和利益关联。在本书中，你将会看到：心理学家用数字包装种族歧视的观点；世界顶尖性学研究员采集数据的过程其实见不得光；烟草巨头们滥用数据，上百万人为此赔上了性命。

本书也讲我们自己。作为数据消费者，是我们自己选择走入数字陷阱被它欺骗。更严重一点儿说，是我们自己选择被数字牵着鼻子走。数字影响着我们吃什么、喝什么、在哪儿工作、挣多少钱、住哪儿、和谁结婚、投票给哪个党派、能否贷到银行贷款，以及要交多少保险费。数字甚至还影响你是生病了还是痊愈了，是活着还是死了。

就算你觉得自己和数字毫不相干，那也无济于事，因为你肯定和数字有着千丝万缕的联系。

本书将分析揭秘数字的世界，让人人都能辨别正确使用数据和滥用数据的情况。所以，我们要问问自己：我们希望数字在生活中扮演什么样的角色？

是时候为数字正名了：它既不是一切的基石，也不是一无是处，它应该和文字结合使用。

在那张问卷前，我们先回到最初的问题：人类对于数字的痴迷是从何时开始的？想回答这个问题，我们就得从历史上最著名的护士——弗洛伦斯·南丁格尔——开始说起。

第一章

大数据分析的先驱：南丁格尔

她永远无法忘记那些只剩一副骨架的英国士兵。他们躺在腐烂的木质简易床上，身上虱蚤横行，而后一个接一个地死去。

这间人满为患的医院，曾是一座屠宰场，同时也是弗洛伦斯·南丁格尔在克里米亚战争期间工作过的地方。战争的一方是俄罗斯帝国，另一方是大英帝国、法兰西第二帝国、撒丁王国和奥斯曼帝国。1854 年年底，南丁格尔开始担任东部斯库台军营（今属伊斯坦布尔）的护士长。然而，当时英军的护理工作实在是毫无章法，以至于在完成本职工作的基础上，她还要做饭、洗衣和管理仓库。有时，她甚至要一天工作 20 个小时。几个星期后，因为实在无暇打理，她剪短了自己浓密的棕色长发。她的黑裙子也渐渐变得脏兮兮的，白帽子上还破了一个洞。每次吃完饭，她还得争分夺秒地写信向外界求援，只为挽救伤兵们的生命。

但这些还远远不够，有太多生命从南丁格尔的指尖流走。她在一封给英国战争大臣西德尼·赫伯特的信中绝望地写道："我们每天都在埋葬死人。"最严重的时期是1855年2月，被送来医院的士兵死亡率甚至超过了50%。他们大多数并非死于战伤，而是死于那些本可以避免的感染。医院的下水道严重堵塞，地下变成了一个巨大的污水坑；从厕所里排出的粪便流回到了水箱里。这些情况必须有所改变。

与此同时，由于在克里米亚战争中表现糟糕，英国内阁在一片声讨中黯然倒台。新上任的首相亨利·约翰·坦普尔决定收拾这个烂摊子。为防止更多的士兵死在斯库台军营，他成立了一个"卫生委员会"。在南丁格尔抵达斯库台军营4个月后的1855年3月4日，援助终于到达。

卫生委员会认为，医院的恶劣环境已经达到"可致人死亡"的地步，随即下令整顿。南丁格尔清理了超过25具动物尸体（其中一具腐烂的马尸还堵住了供水口）。为了达到更好的通风效果，她在医院屋顶上凿洞开窗。她还粉刷了白墙，拆除了烂掉的地板。到1856年克里米亚战争结束时，整个斯库台军营医院的面貌已焕然一新：干净整洁，管理有序，死亡率急剧下降。其中，除了卫生委员会的功劳，南丁格尔的工作至关重要。若不是她的积极游说，卫生委员会很可能永远也不会来斯库台军营。因此，当南丁格尔返回英国时，她受到了英雄般的欢迎，人们称她为“守护天使”。

然而，南丁格尔却觉得自己是个失败者。离开军营后，她在日记中写道：“噢，那些曾忍受着伤痛咬牙坚持的可怜孩子，我觉得自己是个不称职的母亲。我回家了，却把你们留在了克里米亚的坟墓中。”

那些无辜逝去的生命、拥挤不堪的病房和肆意爬行的虱蚤，却一直在她脑海中挥之不去。斯库台军营医院的环境的确改善了，但军中的医务护理工作却依旧杂乱无章。这同样会导致死亡。

于是，南丁格尔下定决心要为改变这一切而战斗。她想用她的经验、人脉和新晋的“明星”身份向当权者证明改善卫生环境的重要性，而在这场战争中，她用到了一样关键的利器——数字。

数字风潮的诞生

南丁格尔于1820年出生在一个富裕的英国家庭。她的父亲理念新潮，认为女子要和男子一样接受优良的教育。于是弗洛伦斯·南丁格尔和她的姐姐，同样以出生地命名的帕耳忒诺珀·南丁格尔，都学习了意大利语、哲学、物理和化学这四门课程。

南丁格尔还学习了一门与她一生紧密相关的学科——数学。从幼时起，她就痴迷于计数和分类。7 岁开始，她在写给别人的信中还常常会附上一些清单和表格。她对益智类书籍中与数字相关的谜语也有极大的兴趣，比如：“假设世界上有 6 亿外邦人口，若每 2 万人就需要一位传教士的话，总共需要多少位传教士？”

南丁格尔从未丢掉过自己的数字天赋和对数字的兴趣。当她 1856 年从克里米亚回国后，英国国防大臣问起她那边军营的情况，她便抓住了这次机会。在那份耗时两年完成的多达 850 页的报告里，她用数字展示了军中护理工作出现的问题。其中最重要的结论是：许多士兵的死亡本是可以避免的，比如那些死于伤口感染和传染病的人。相对而言，即便在和平时期，英国部队医院中伤兵的死亡率也比普通民众要高出近两倍。这等于是在杀人，南丁格尔认为“这就相当于每年把 1100 个人带到索尔兹伯里[1]平原上枪毙掉”。

尽管这条结论如此骇人听闻，但南丁格尔更担心的是，人们会被报告中数百页的字母与数字淹没。于是，她决定将统计出的数据绘制成彩色图表，让大家一目了然。在南丁格尔最著名的两幅示意图中，她以月份为单位，展示了克里米亚战争两年间士兵的死亡情况。随着时间的推移，她发现那些本可以避

[1] 索尔兹伯里：英格兰威尔特郡唯一的市，位于威尔特郡东南部。

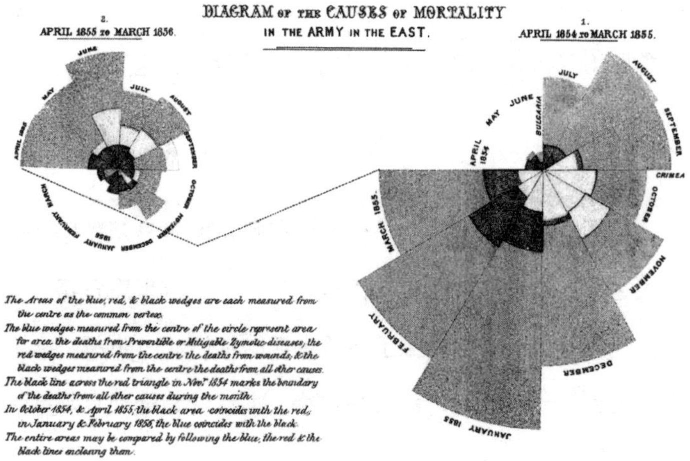

东部军队死亡原因统计图

注：收录于南丁格尔所著的关于英军护理情况的长篇报告中。

资料来源：《影响英军健康、效率与医院管理问题摘要》（1858 年）

免的疾病成了军营中大多数人的死因。

南丁格尔把这两幅示意图和其余图表一起寄给了那些有影响力的人物，比如前内阁大臣、调查克里米亚战争的时任皇家委员会委员长西德尼·赫伯特。同时，南丁格尔还将她的研究发现透露给了媒体，并恳请作家哈丽雅特·马蒂诺女士为此撰写一篇文章，向大众阐述改革的必要性。

最终，南丁格尔用她的数据说服了当局者。到 1880 年时，之前的许多问题都得到了妥善解决：伤兵们吃得更好了，能洗澡的地方变多了，他们的营房也更干净了。由于军中护理的情况得到了改善，病人们很快便都痊愈出院了，因此新建的医院就显得空空荡荡的。南丁格尔对此冷冷地回应：“病人的数量急剧下降，导致部队医院里的人空闲得很，这又不是我们的错。”

弗洛伦斯·南丁格尔是世界上最早用图表显示数据变化的人之一。她聪明、勤奋又固执己见，这一点毋庸置疑。同时，她取得的成就也得益于她所生活的年代。19 世纪，人们在历史上第一次开始广泛使用数字，而这一趋势一直延续到今天。

19 世纪，“民族国家”这种意识形态诞生，官僚机构越来越多，对公民信息的需求量也越来越大。谁死了、谁出生了、谁和谁结婚了——这些信息直到 19 世纪才开始被大规模地记录下来。哲学家伊恩·哈金把这种发展称为“印刷数字的大雪崩”，而在技术研究员梅格·莱塔·安布罗斯看来，这就是“大数据的雏形”。

贫困率、犯罪率、荷兰中央统计局（CBS）……你每天在报纸上读到的这些平均值和图表，追根溯源都是从大约 200 年前的 19 世纪开始的。

而这些并非凭空出现。要弄明白为什么南丁格尔和她同时代的人开始（并可以）大规模地使用数据，我们还得继续深挖历史，去了解数字风潮诞生之前的三个重要发展阶段。

数字标准化

从远古时代开始，人类就会计数了。现存最早的书面记录里就包含了表示数字的符号。在乌鲁克古城（今属伊拉克），有一块公元前3400—前3000年的泥板，上面写着“29086单位大麦 37个月 库辛”。这句话最有可能的解读是：“在37个月间，总共收到29086单位的大麦。由库辛签核。”

历史学家尤瓦尔·赫拉利这样写道：“很遗憾，人类史上的第一个文本不但不是哲学巧思，不是诗歌，不是传奇，不是法律，甚至也不是对王室歌功颂德，而是无聊至极的财经文件，记录各种税务、债务以及财产的所有权。”这点当然很重要，因为在一个社会的发展历程中，数字起着尤为关键的作用。

在原始社会时期，人类可以在脑子里记下一切有用的信息，比如哪儿有食肉野兽出没，哪种果子有毒，哪个人值得信任。到了农业社会时期，一小块地区内的农民依旧可以将生活需要的信息记在大脑中。但从农业革命起，人们开始大规模地合作，组成城市，甚至组建国家。社会的经济模式逐渐变得复杂；货币交易的出现，取代了之前的以物易物，而后慢慢扩大，形成了一个越来越错综复杂的经济关系网。例如，你欠了甲的钱，但你又是乙的债主，同时你还必须向丙支付租金。于是，人类大脑渐渐不够用了，再也不能把所有信息都记在脑子里。

对于一个要向数千居民征税的城邦而言，这点尤为重要。官员需要通过书面记录来登记和管理收到的款项名目及时间。先写下口头协议，接着将其合法化，之后记录下谁做了何事，最后再上交行政部门处理。这样，人类就再也不需要通过大脑记录信息了。跟此前的库辛和大麦的例子一样，大部分被书面记录下来的信息里都包含了数字。

在数字最初发展的过程中，人类不单单记录数字，还得记录数字表示的内容。让我们再回过头去看一下那块古老的泥板上的字：29086 份。在当时的情况下，让库辛记录下这些的人不仅要确认数字是“29086”，还得充分认识“份”这个单位概念。

在历史上绝大部分的时间里，测量单位的标准都十分本地化。每个地方都使用对当地来说最方便的单位。比如，法国就曾用“比雪雷”和“乔纳利尔”作为土地计量单位。比雪雷指农民播种这块土地需要的谷物数量，乔纳利尔指一台葡萄收割机一天内可工作的土地面积（在现代语言中，我们依旧可以找到那些古老的测量单位的痕迹，比如一箭之遥、步步为营等）。就算两个地区使用相同的单位，单位背后的含义也可能千差万别。17 世纪时，荷兰格罗宁根省的埃津厄使用“鲁德”作为长度单位，1 鲁德约合现在的 5 米。而在距离其 70 千米的贝灵沃尔德，他们的 1 鲁德还不及埃津厄 1 鲁德的一半。据估计，仅仅在18世纪的法国就有25万种不同的长度和重量单位。

正如两个人不说同一种语言就不能交流，若双方采用不同的数字用法，那么就无法达成共识。1999年的一件事足以证明，没有一门通用的数字语言，后果会有多么严重。那一年，美国“火星气候探测者”号卫星本应飞抵火星，并绕其飞行，但它却在1999年9月23日从雷达上消失了，并且永远无法找回。这件事是如何发生的呢？原来，要把探测卫星发射至火星，需要两台电脑合作完成。其中一台电脑使用的是英制单位里的“磅力/秒”进行计算，而另一台却采用国际通用的公制单位“牛顿/秒”。这次沟通上的失误，导致探测器的飞行轨道比预期低了170千米，最终很可能是火星灼热的大气层焚毁了卫星。

幸运的是，如今这种问题只是个别案例了，因为现在世界上几乎每一个国家都采用国际单位制。但这样的变革在当年肯定少不了一番斗争，有的甚至需要革命。法国大革命（1789—1799年）之后，革命党人决定废除所有地方计量单位。他们提出公制单位的设想，而这恰恰和当时科学家们的想法不谋而合，并且，这样还能让他们更好地管理国家。

比方说，革命党人想按土地面积征税，但国内每个人都有一套自己的距离单位，那税该怎么征呢？这场变革持续了一段时间，最终成功地将公制单位的概念（后来的国际单位制），从法国推广到了世界上绝大多数国家。现在只有 3 个国家——美国、利比亚和缅甸——仍旧使用英制单位，即质量单位为“磅”，长度单位为“英里”，等等。

这是人类在南丁格尔的思想基础上取得的第一个进展：将数字标准化。换句话说，我们在如何衡量一个特定的概念上达成了共识。“米”和“千克”只是一个开端。19 世纪 70 年代，人们对于数字信息的需求量变得极大。这是因为在 19 世纪，大量农村人口迁徙到了城市，各类问题变得集中且明显：贫困、犯罪率和疫病。这些问题都是从哪儿来的？我们该如何解决它们？不管是政府人员还是平民百姓，越来越多的人都开始思考答案。

为了衡量这些问题的严重性，首先我们必须将它们分好类，一个人在什么情况下才算是贫穷、犯罪或生病了呢？例如，之前为南丁格尔的报告提供过帮助的英国著名统计学家威廉·法尔，就曾与同事们一起列出了一份公认疾病的清单。这份清单最终被世界卫生组织（WHO）所采纳。南丁格尔为了展示士兵的死亡原因，在她的图表里也使用了以下分类：1. 可预防的疾病；2. 战争时受的伤；3. 其他原因。

“疾病”或“死亡原因”这些词，看起来似乎和数字没什么关系，但事实并非如此。只有当一项名目有了准确的定义时，它才可以被量化显示出来，正如哲学家哈金所言：“数字是需要被归类的。”

通过将数字标准化，人们终于可以使用同一种数字语言了。今天，世界各地都在谈论米和千克、GDP 增长和 IQ 数值、二氧化碳排放量和千兆字节，等等。所以说，世界上使用人口最多的语言不是中文、英语或西班牙语，而是数字。数字语言的形成也为接下来的进展提供了可能：大规模数据采集。

大规模数据采集

正如那块库辛的泥板所示，人类采集和记录数据已经有几千年的历史了。但库辛的例子只是小范围的。历史学家们猜测，他可能只是一名负责存储酿酒原料的仓库管理员。随后的几千年里，各国都在大规模地采集数据。在我们的文化中，耶稣诞生是最著名的一则故事。但倘若当时古罗马人并不想了解自己的帝国有多少居民，那这则故事也就不会发生在伯利恒了[1]。从古埃及到印加帝国，从中国的汉朝到中世纪的欧洲，这样的人口普查在各国历史中均有发生过。

英格兰诺曼王朝第一任国王威廉一世在 1085 年则更进一步，他希望将所有英国人的资产都注册在案。《末日审判书》

[1] 传说，为了躲避罗马皇帝的人口普查，约瑟和玛丽亚来到祖先大卫的城市伯利恒，在一个马厩中生下了耶稣。

里就记载了英格兰和威尔士超过 13000 个地方的数据。当时，每个地方都要接受一小群公务员的检查。这些人在每个郡都写下了超过 10000 条记录，例如一块土地的所有者是谁，其所拥有的奴隶、磨坊和鱼塘的数目，等等。真的难以想象，这么大的任务究竟耗费了多少时日。

像《末日审判书》这样大规模的数据采集行为，在很长一段时间内只是个特例。直到 1820—1840 年，可用的数据信息才开始呈指数型增长。这段时间，各式各样的数据采集机构相继成立，它们之中大部分是为国家政府服务（荷兰语里表示统计的单词“statistiek”就和表示国家的单词“staat”有那么点儿关系）。1836 年，英国政府成立了英格兰和威尔士注册总署，专门负责登记公民的出生和死亡状况，随后便开始开展人口普查。荷兰第一次人口普查发生在拿破仑时期的 1795 年。除了政府之外，也有许多俱乐部开始采集会员的数据资料。英国东印度公司就存有自 1823 年 4 月起，为大约 2500 名员工记录的档案，包括谁得病了，谁死了和谁离职了，等等。

南丁格尔在 19 世纪中叶为了改善军中护理状况而使用数字的想法，随着时间的推移最终演变出了一种结果：数据采集无处不在。但数字若想真正给人类的生活带来变化，还缺少最后一个步骤。因为采集到成堆的数据是一回事，能够了解数据背后的意义又是另一回事。

数据分析

如今，人们读报纸时常常能看见各式各样的图表。但是，把数字用图表的方式展现出来，这个想法还是相对比较新的。18 世纪末，条形图和折线图才被英国人威廉·普莱费尔创造出来。后来，南丁格尔为了引起他人对军中护理困境的重视而选择图表，就是因为图表能将大量的数据一目了然地快速展示出来。

19 世纪初期，随着采集到的数据越来越多，人们自然需要更多的方法去分析处理这些数据。除了图表以外，算平均值的做法也变得流行起来。南丁格尔在她那厚厚的一沓报告中就广泛使用了平均值，比如克里米亚战争期间的月均伤患人数。

不管平均值这个概念在现在看起来是多么稀松平常，在南丁格尔那个年代里可是个新鲜事物。至少在有关人类的数据这方面，之前是没有出现过平均值的。而自 16 世纪末以来，平均值在天文学上的应用已经相当广泛。阿道夫·凯特勒就曾设想过，如果把平均值用在人类身上而不是天体计算上，会怎样呢？这位来自比利时的天文学家是弗洛伦斯·南丁格尔的偶像，后者称他为“统计学的奠基人”。早年间他曾担任布鲁塞尔天文台台长一职，但在比利时 1830 年革命时期，这座建筑落入了自由战士手里。这件事也让凯特勒开始思索：人类为什么要闹革命？乍一看，社会似乎陷入了一片混乱，这也的确是比利时当时的情况。但人类的行为应该是有模式可循的。

凯特勒提出了一个开创性的想法：“平均人”。他大量地计算人类身高、体重、犯罪率、教育水平和自杀率的平均值，然后提出了“凯特勒指数”，其中最被大家熟知的就是“身高体重指数”（BMI），用来判断一个人的体重是否“正常”。直至现在，医生、保险公司和营养师依旧将它作为衡量一个人健康状况的标准。

在图表和平均值之后，人们又发明出了更多复杂的方法来分析数据。历史学家斯蒂芬·斯蒂格勒将1890—1940年的这个时期称为“统计学的启蒙时代”。那时候，科学家们想出了许多巧妙的方法来发掘数字中的模式，例如计算相互关系和设计实验等等。

南丁格尔并没有参与其中大部分的研究，因为她在1910年就去世了，但她的数字研究是具有开创性的。后来，有一位苏格兰的医生追随她的脚步，在克里米亚战争结束将近一个世纪之后，再次证明了数字可以挽救生命。

一位叫阿奇·科克伦的战俘即将把他的秘密实验告诉德国人。他是位苏格兰医生，蓄着红色的胡子，再加上消瘦的脸庞，让他整个人看上去十分狂野。他穿着一条破破烂烂的卡其色百慕大短裤，裤子下方露着一对水肿得很严重的膝盖。

他并不是唯一一个得水肿的人，和他一起被囚禁在希腊塞萨洛尼基的战俘们接二连三地被水肿折磨，不是肿脚踝就是肿膝盖。作为德国人指定的该战俘营的主任医师，科克伦每天都记录下 20 例新增的水肿病例。有时他甚至还会故意少记几例，以免造成其他战俘的恐慌。

然而现在科克伦必须得说些什么了。为了挽救战俘们的生命，他只能向德国人求助，即使他并不指望他们。就在不久前，一名德军哨兵还往厕所里扔了一枚手榴弹，只因为他听到了“可疑的笑声”。

科克伦确有怀疑过，营内的水肿可能和脚气病有关，这是一种由于缺乏维生素 B 而引起的疾病。于是，他决定效仿他的偶像詹姆斯·林德，在战俘营中也做一个试验。两个世纪前的 1747 年，海军医生林德进行了一场历史上最早的临床试验。他将 12 名患有坏血病的水手分为两人一组，每组吃不同的食物。他让两个人每天吃 2 个橙子和 1 个柠檬，两个人每天额外喝 6 勺醋，两个人每天喝 250 毫升的海水，等等。

林德很快就发现，吃了柑橘类水果的水手几天后病情开始好转。因此，他得出了现在早已是常识的一条结论，即维生素 C 可以预防坏血病。

科克伦决定向林德学习。在希腊的塞萨洛尼基，他将 20 位患者分成两组，分别住在两个房间。他让其中一组每天吃 3 次酵母粉，因为酵母是维生素 B 的来源；同时从自己的急救补给中，每天给另一组每人 1 片维生素 C。他做的这些，患者们当时并不知情。

试验开始的第一天早晨，科克伦便开始记录患者们排尿的频率。第一天两组人并没有什么区别，第二天也是如此。但到了第三天，他发现那组吃酵母的患者上厕所的频率变高了。到了第四天他更加确信：吃了酵母的患者，体内水分减少，排尿更频繁，并且，10 人之中有 8 个人感觉身体状况有所好转，而另一组人的病情却依旧不见起色。

科克伦把所有的试验记录整理清楚后，带着他的日志本站在了德国人的面前。他对德国人这样说：“我们必须要做点什么，否则后果将难以控制。”令人惊讶的是，德国人似乎被他的故事打动了，当场就有一名年轻的德国军医问他需要什么帮助。科克伦回答：“马上为病患提供大量的酵母粉。”德国人随即承诺会尽他们所能满足这个条件，他们也的确这么做了，第二天就运来了大批的酵母粉。不到一个月，战俘营中就几乎看不到水肿患者了。

直觉、认知偏差和利益关联

科克伦的故事不仅讲述了一种分析数据的新方法，还提到了数字的说服力。当时，甚至连科克伦自己都不确定能否得到敌军的支持。那么，数字为何会比文字更具有说服力呢？发生在科克伦身上的另一个故事能给出答案。

“二战”结束后，科克伦回到了英国，他开始致力于在医学中加入更多的数据研究。在当时那个年代，他所做的那些医学试验，就像战俘营里的那个，仍然十分罕见。

20世纪60年代，许多医院都成立了造价极其昂贵的心脏监测部门。这个举措看上去还挺合乎逻辑的：为了防止心脏病人死于心力衰竭，医生必须密切监控病人的状况。然而，怀疑论者科克伦并不同意这个说法。他认为，如果人们真想知道这个部门是否有用，那就得进行临床试验，比如让一组患心脏病的志愿者回家医治，而另一组患者则送去部门监测。

不过，科克伦的想法遭到了伦敦道德委员会的严厉批评，他们说他这样做是在玩弄生命。尽管如此，科克伦还是用试验的重要性，成功地说服了委员会主席。但当他回到加的夫的医院后，科克伦的医生同事们均拒绝参与他的试验，他们认为医生可以自行决定如何诊治病患。对此科克伦气愤不已：这得多么狂妄和自大，才会觉得仅凭医生自己就能确定什么对病患是最好的啊。当时，医学领域更遵循“经验医学”而非“循证医学”。这位苏格兰医生很清楚，对病患的诊疗手段更多取决于医生的声誉，而不是它的科学依据。

幸运的是，布里斯托尔医院的同事们同意他在那儿进行试验。6个月后，他们带着试验结果去往伦敦道德委员会。结果显示：心脏监测小组的结果略好一些，但二者的差异微乎其微。然而，半年前让科克伦烦心不已的委员会成员们，在看到结果之后变得极其愤怒。委员会成员说："阿奇啊，我们一直认为你这么做是不道德的。你必须马上中止你的试验。"

科克伦耐心地听他们说完，然后说："不好意思，刚才我给大家展示的是一份错误的报告。"他随即拿出了另一份写有正确结论的报告：数据没变，只不过被掉了个个儿——回家医治的病患数据更好。科克伦问："你们现在是不是要说'应该关掉心脏监测部门'呢？"

这则逸闻揭示了科克伦作为一名研究人员需要克服的几重障碍。第一重是情感障碍：医生只是简单地认为，将病患留在医院里就是更好也是更安全的选择。随即，当科克伦所展示的数据正好符合委员会成员的理念时，他们在认知上就产生了偏差。最后，某些方面的利益关联也发挥了作用，因为如果事实证明，设立昂贵的心脏监测部门是一个错误的决定，那么委员会的声誉就会受到损害。

这样看来，数字是能成功越过直觉、认知偏差和利益关联这三重障碍的。因为当文字被迅速地染上主观色彩的时候，数字则一直中立地反映着事实的真相。简言之，数字本就是客观的。那么，数字会在社会中慢慢地占据主导地位，也就不足为奇了。

科克伦去世五年后的 1993 年，一个由医生和统计学家组成的世界网络组织"科克伦合作组织"成立了。该组织为医学研究界的几乎每一个领域收集着科学依据。现在，《科克伦评论》是“循证医学”最重要的资料来源之一。

科克伦呼吁在医学领域加入更多的数据研究，而这也的确成功挽救了许多人的生命。以 20 世纪 80 年代的心律失常抑制试验（CAST）为例。当时，为了防止患者心律失常，医生通常会在患者心脏病发作后让其服用药物。这个做法从逻辑上来看没有问题：额外的心跳常常伴随着猝死的现象，因此必须加以抑制。但 CAST 试验在对 1700 名患者进行深入研究后显示，服药后病人的死亡率非但没有降低，反而还升高了。

科克伦和南丁格尔的故事，都让我们看见了数字最好的一面：它能挽救人的生命。而数字之所以如此重要，另一个原因是当权者可以用它掌控国家。所以，历史长河中曾出现了那么多干预数据的政客，这并不是没有原因的。多年来，阿根廷的通货膨胀率就是在其政府的要求下，经过美化后才展现给大众看的。前英国外交大臣鲍里斯·约翰逊就曾多次被统计学家指责脱欧数据有误。而一个独立的统计机构可以防止政客们操纵数据，从而展现真实的情况。

然而，数字也有坏处。它既可以让生活变得更美好，也能将其摧毁。对于大规模的数字使用来说，标准化、采集和分析这三个步骤并不总能被永远正确地执行，有的时候就会出现错误，很严重的错误。

第二章

愚蠢的数据：肤色和智商是否有关

第一次世界大战期间，有 175 万名美军新兵进行了智力测试。这项轰轰烈烈的运动由哈佛大学的心理学家罗伯特·耶基斯发起。他认为，心理学可以和物理学一样精确，但这得通过他和他的同事采集到的数据证明。

耶基斯的这个想法就是 19 世纪数字风潮的产物。当时，研究人员不仅将表示距离和体重的单位标准化，而且还提出了衡量犯罪和贫困等抽象事物的方法。

于是现在，人们将“智力”也放入了可测的范围内。耶基斯和其他智力研究专家一起拟定了一份可供大规模使用的智力测试题。随即，这一具有历史意义的研究便在“一战”期间展开了，全美国的新兵都收到了一摞写满问题的测试纸。

当耶基斯拿到所有的数据并分析之后，新兵们一个个可怜悲惨的形象浮现了出来。美国白人男兵的平均心智年龄只有13岁，再往下是来自东欧和南欧的移民，最后是黑人，平均心智年龄只有10.4岁。

“我也曾希望黑人超级聪明”（上）

如今，罗伯特·耶基斯这个名字已经鲜为人知，但黑人的智商却仍然是一个可以引发热议的话题。耶尔纳兹·拉莫塔辛在2016年接受荷兰新闻网站Brandpunt+采访时就表示：“人种之间的智商存在着差异。这一点是经过科学证明的。我也曾希望这个结论是错的，黑人其实超级聪明……但事实并非如此。”

两年后，由于拉莫塔辛的这番言论，作为荷兰民主论坛党候选人的他在阿姆斯特丹市政府选举中引发了不小的争议。排山倒海的批评声浪不断袭来，最终，他决定退出竞选。

持有这种观点的人可不止拉莫塔辛一个。从耶基斯的智力测试起，关于智商和肤色的讨论已经涌现了一浪又一浪。教育心理学家阿瑟·詹森在1969年就曾表示，黑人和白人学生之间的智商差异是由遗传基因决定的。当年的这番言论还引发了一场国际上的动乱。

1994年，政治学家查尔斯·默里和心理学家理查德·赫恩斯坦共同出版了《钟形曲线》一书。他们二人认为，美国黑人的平均智商比白人的低，同时建议政府不要鼓励智力低下的妇女孕育后代。

另一个争议事件发生在 2014 年：《纽约时报》的记者尼古拉斯·韦德撰写了一本畅销书，书名叫《天生的烦恼》。他在书中指出，世界上不同种族的形成是人类进化的结果，而种族之间的差异就反映在他们的智力水平上。

耶基斯的智力测试让人们清楚地认识到，这类言论的影响能有多么深远，更别提他的研究其实并没有被认真地执行。对 175 万名新兵进行智力测试的项目看起来似乎令人印象深刻，但实际上，数据采集的过程既草率又匆忙。斯蒂芬·杰伊·古尔德在其《人类的误测》一书中就描绘了给那些新兵做测试的屋子是什么样的：没有家具、光线不足还常常挤得人满为患，以至于后排的人根本听不到前面的人说了什么；有一些说德语的士兵则完全听不懂测试人员在说什么，因为他们才刚刚踏上美国这块土地没多久；其他会说英语的士兵中，很多人只是会说，但不会读也不会写；有些人甚至是第一次拿起铅笔写字，却要让他们回答例如“数一数图中有多少个立方体”或“按照前面图形所示的规律选择正确的图形”这样的问题。此外，给士兵们答题的时间还十分有限，因为下一组准备测试的新兵已经在门外的走廊上等着了。

你也许会说，上述的这些理由足以证明，我们不必太把这份数据当回事儿，但事实却恰恰相反。耶基斯那关于某些种族智力水平较低的结论尽管十分荒诞，却正好为在他所处的年代早已流行起来的一些想法提供了数据。比如优生学，这门旨在“提升人类质量”的科学，它的思想从“一战”后开始在北美和欧洲滋生蔓延。而耶基斯的研究数据在 20 世纪 20 年代美国国会关于移民政策的辩论中就曾屡屡被提及。按照政治家们的说法，既然那些来自东欧和南欧的新兵在智力测试里的成绩如此低，他们就理应被美国“拒之门外”。不久之后，这个想法还的的确确被付诸实践了。1924 年至第二次世界大战期间，数百万人被挡在了美国国境线之外，其中许多人还是需要帮助的难民（通常为犹太人），却也因为这个原因被拒绝入境。

智力测试的数据还对美国绝育法案的合法化进程产生了深远的影响。1927 年，“为智力受损的女性强制实施绝育手术”的行为被判定合法。美国最高法院大法官这么解释：“痴呆的人传三代就够了。”直至 1978 年，在成千上万名美国女性被强制绝育后，这种做法才被宣布是非法的。

读到这里，你应该会无比愤慨吧。然而，尽管智力测试带来的后果非常糟糕，但这并不意味着测试本身有问题，并且，从近年来的一些智力测试结果来看，黑人的平均分数确实比较低。

那这是否意味着智商和肤色有关的观点是对的呢？所以拉莫塔辛说的是有道理的？绝对不是。关于智商和肤色的论调是所有滥用数据的例子里最丑陋的一个。让我们接着往下看。

几个重要因素

如果有一个人声称某种族的智商低于另一个种族，该怎么理解这句话呢？首先，那些关于肤色和智商的观点大多是基于美国的样本得出的。因此，并不是所有的黑人在智力测试中的分数都很低，只是美国黑人的分数比他们的白人同胞低。

这其中还有很多细节值得推敲。在每一种有关智商和肤色的观点中，基本上采用的都是平均值，即一个种族智商的平均值低于另一个种族的平均值。在这两项平均值的背后，是所有人的智商集合，包括智商分数最高的美国黑人和分数垫底的美国白人。如果以常用的韦氏智力测试为例，你会看到两组数据之间存在着很大的重叠部分（请看下图）。图中的测试结果

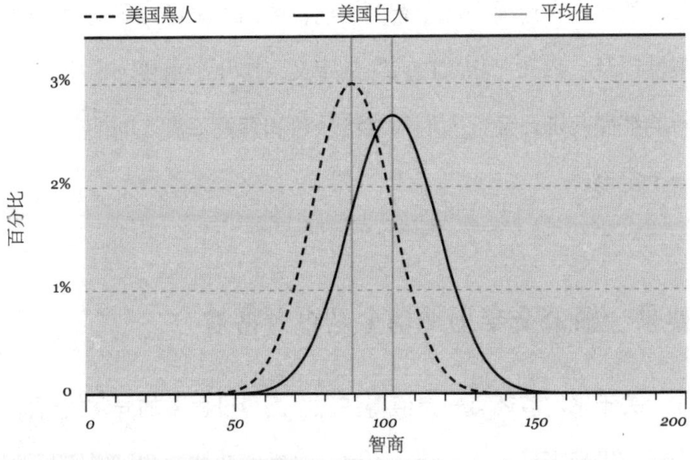

韦氏成人智力测试结果的智商曲线

资料来源：威廉·狄更斯和詹姆斯·弗林（2006年）

显示：许多美国黑人的智力水平高于美国白人智力水平的平均值。这句话反过来说也一样成立，许多美国白人的智力水平低于美国黑人智力水平的平均值。简而言之，这种平均值完全无法反映出个体的智力水平。

另外还有一个重要的问题：到底什么样的人算“黑人”，什么样的人算“白人”？在智力测试的过程中，人种归属的选择通常取决于被测试者的自我认知。但是，这个分类并非固定不变的：以前，美国人不把意大利人视为白人；在巴西，如果你不是欧洲人，那你就算是黑人；与2000年的普查结果相比，2010年的人口普查中，有数百万美国人更换了自己的人种类别。简而言之，一个人属于哪个人种，除了和他的肤色相关以外，还取决于其所处的环境和时代。

所以，在你要去测量智商之前，数据的来源、平均值的局限性以及“黑人”和“白人”的定义，这几个重要因素中包含着的细微差别，会让人们很难给肤色和智商二者之间的关系下一个定论。

如果一辆公交车上平均全是百万富翁

关于平均值还有一点值得注意：测量过程中的异常值可能会对结果带来极大的影响。不过，异常值在智商测试中所起的作用几乎可以忽略不计，因为智商的分布相当对称，智商平均值左侧的人数和右侧的人数是基本持平的。

但在收入的问题上就不一样了。2016 年，约有 730 万（这个数字超过所有有收入人口总数的一半）的荷兰人年收入不足 3 万欧元，与此同时，有大约 50 万荷兰人的年收入超过 10 万欧元。这一组高收入人群大大拉高了平均收入的水平，就像统计学里的一则老笑话所讲的那样：要是比尔 · 盖茨上了一辆公交车，那么车上的每位乘客平均下来就都是百万富翁了。

由于异常值的影响，人们基本上不使用“平均收入”这个概念，而使用“可能收入”或“普遍收入”。同时，人们还引入了“收入中位数”的概念，用来避免异常值造成的影响：假设你把所有荷兰人按照收入从低到高排成一排，那么站在最中间的那个人的收入即为荷兰人的收入中位数。

五个主观选择

现在到了提出那个关键问题的时候了，到底该用什么测量智商呢？前面我们提到，在大规模使用数字的时候，标准化、采集和分析这三个步骤非常重要。同时，这也是研究人员开始研究数字时需要采取的三个步骤。

标准化作为第一个步骤，它在智商测试中发挥着重要的作用。要想将智力这个抽象的东西标准化，研究人员必须做出自己的选择。数字看上去可能是客观的，但其背后的决定往往带有主观色彩。以参与智商测试的第一批科学家为例，他们就做出了五个与客观相距甚远的选择。

1. 你所测量的是人为创造出来的概念

罗伯特·耶基斯做智商测试的灵感来源于法国心理学家阿尔弗雷德·比奈，智力测试的创始人。不过，比奈若是知道他的测试被用来当作种族歧视的工具，恐怕得气得从坟墓里爬出来。因为比奈于 1904 年在学生西奥多·西蒙的帮助下制定出智力测试的方法时，他的初衷和耶基斯完全不一样：他为了帮助儿童。当时，法国教育部部长让他想出一种方法，来确定哪些在校学生需要特殊教育。

最初，比奈尝试用一种已使用多年的方法测量智商：量颅骨的大小。以前的人们认为，要想知道一个人有多聪明，看看他的头有多大就行了。但当比奈开始用卷尺量学生们的头围时，他才发现成绩好的学生和成绩差的学生之间，颅骨大小的差异极其微小。

因此，当比奈收到教育部部长的委托时，他决定换一种方法测量智商。比奈制作了一份测试题，测试题里面问题的难度逐渐加强。学生能回答到哪一题就对应了他的心智年龄是多少。如果一个学生的心智年龄远低于其实际年龄，那么他就有接受特殊教育的必要。这就是比奈第一份智力测试的原理。不久之后，心理学家威廉·斯特恩创造出了“智商”（IQ）一词，即一个人的心智年龄除以其实际年龄等于他的智商。

在成功建立了公制单位“千克”和“米”之后，越来越多的东西都变得可测量了。对距离和重量来说，建立它们的测量标准还是相对容易的，因为每个人都明白这些概念代表什么：距离是从这儿到那儿有多远，重量是当你提起一个物品时它有多重。这类标准试图去测量的是一些具体的事物。

不过我们已经知道，19 世纪以来，越来越多其他类型的数据开始涌现，比如有关经济、犯罪、教育等抽象概念的数据。就拿其中一个控制着所有人生活的概念“钱”来说吧。人们手里的硬币和钞票实际上一文不值，它们既不能吃，也不能被用来制造任何东西，更不能被拿来治病。但是，人们相互之间达成了一项共识，即钱是有价值的，并且人们相信所有的人，包括政府都会继续遵守这项共识。

正是由于存在许多这样的共识，才确保了我们比原始社会时期的人类有着更大规模的相互合作。民族国家、宗教……所有这些共识驱使着人类朝着同一个方向前进。但是，我们一旦把它们当作客观存在的事物，那就很危险了。如果我们忘记了自己曾经创造出来的概念，例如“经济繁荣程度”或“教育水平”，而后却又认为它们是本就存在的，这就被称为“物化”。“物化”这个词源于拉丁文，它的意思是人们创造了一些概念，然后自己却忘记了这是人为创造出来的，反而相信它一直存在于社会之中。

人们去衡量一个抽象的概念，其得出的结果会更容易带“客观”的光环。我们以 GDP（国内生产总值）这个所谓“经济的标尺”为例，假如 GDP 值下降，那就意味着我们处于经济衰退之中。最后，人人都得勒紧裤腰带过日子，只因政治家们认为这样有助于 GDP 的恢复和增长。

因此，对抽象概念的衡量最终会反映到一些实际的后果上面，比如你可能会失业，就得缴纳更多的税款或者获得补助金，等等。这样听起来，GDP 似乎是自然界里的一条铁则，但其实根本不是，它诞生还不到 100 年呢。

GDP 的概念源于“二战”前的美国，当时美国正处于经济大萧条时期。那么，美国那时候的经济到底怎么样呢？没人知道这个问题的答案。政府手里只有一些零星的、和价格以及运输业相关的统计数据，但没有一个数字能概括出美国当时经济的状况。

于是，政府要求经济和统计学家西蒙·库兹涅茨发明一种方法来衡量“国民收入”。库兹涅茨同意了。他的想法是将家庭和企业的收入相加，从而得到国民收入的总和。当库兹涅茨于 1934 年第一次发表他的研究成果时，其中传达给大众的信息量是十分惊人的：1929 年至 1932 年，美国国民收入减少了一半。这是第一次有人用数字来表示美国的经济状况，而这个结果着实令人心惊。

在随后的几年内，美国政府一直对库兹涅茨“国民收入”的理论极为不满。而随着战争的日益临近，这个概念在政治上也变得十分尴尬。政府更希望将钱投在武器上而不是人民身上，但按照库兹涅茨的方法来计算，政府采购武器的支出意味着国民收入的减少，而民众对战争的支持率也会随之下降。解决的方法只有一个——换一种衡量标准，也就是“国内生产总值”。国内生产总值衡量的是一个国家提供的所有产品和服务的总价值，其中自然也包括政府。这么一来，购买新型轰炸机就变成是有利于经济的举措了。

不过，库兹涅茨并不赞成“国内生产总值”这个概念。他坚定地认为，要衡量一国经济就必须得衡量这个国家的经济繁荣水平。在他看来，这和采购武器没有丝毫关系。但库兹涅茨的观点并没有得到美国政府的支持。1942 年，美国政府首次对外公布了美国 GDP 的数值，其中就包括了军费开支。由此，我们可以清楚地看到：这个数字最终呈现的方式与自然定律无关，而完全是由政治家们操纵的。

如今，政治家和决策者们似乎常常忘了 GDP 是一个人为创造出来的概念，反而将其当作客观的衡量指标使用。比如，到了需要支持“必要的紧缩政策”时，政府就可以拿 GDP 当论据。但是，GDP 并非像重力那样是一个具体的衡量标准，不能因为人们往它上面“贴”了数字，就说它是客观存在的。

我们再回到耶基斯和他给士兵们做的智力测试。“智力”这个概念也是如此，它是一个人为创造出来的抽象概念，一个我们即将要测量的概念。

如果 3 次经济衰退凭空消失

过分看重 GDP 数据可能会是一件很危险的事，尤其是当人们忘了它并不总是像看上去的那般精确时。2015 年 7 月，美国经济分析局宣布：美国的经济在上一季度增长了 2.3%。一个月过后，这个数字被上调到了 3.7%。再一个月后又变成了 3.9%。

这是因为数据统计员能力不足，还是他急着去度假所以敷衍了事呢？都不是。调整经济数据的行为完全是正常的，在荷兰也是一样。因为当你了解到计算这样一个数字需要多少信息时，你就不会觉得调整数据有什么好奇怪的了。从税收到国防支出（是的，这部分依旧算在 GDP 内），从进口值到出口值，所有的一切都得考虑进去。采集这些数据是需要时间的，而且还不能保证全部数据都准确无误。因此，美国经济分析局公布并采用的 GDP 数值竟然如此精确（保留到了小数点后一位），这一点是颇为奇怪的（在本书第三章，我还将继续对数字的不确定性展开分析）。

有时，新采集来的数据会给经济面貌带来另一番景象。国家是否处于衰退期这个问题就是一个例子。1996 年，英国的经济数据显示，英国的经济在1955—1995年经历了10次衰退。在这段时期里，经济紧缩，民众失业，整个国家都乱套了。然而，2012年最新的数据却显示，情况并没有那么糟糕：在这40年间，英国只经历了7次衰退。3次衰退就这么“咻”的一下凭空消失了。

2. 你所测量的是建立在一个价值判断上的

2007年，专门研究人工智能的沙恩·莱格和马库斯·胡特尔曾收集了所有他们能找到的关于智力的定义，并且收获颇丰，他们总共找到了超过70条对智力的不同描述。两人精简了其中重复的部分，然后提炼出了一条包含所有内容的描述：“智力是衡量一个人或事物在各种情况下达成目标的能力。”

莱格和胡特尔总结出来的这条描述的确考虑了所有收集来的定义，但它极其模糊。按照他们的说法，如果一个人在不被其他人发现的情况下，半夜偷偷地潜入一栋房子，然后从冰箱中偷走了一瓶酒，那就可以说这个人是聪明的。当然，在智力测试里你是不会轻易碰到这种题目的。

那么，智力测试里的题目是什么样的呢？在前面提到的韦氏智力测试中，题目涉及词汇量、数字序列和空间洞察力这些和抽象思维相关的内容。阿尔弗雷德·比奈发明的第一份智力测试题同样也是这些内容。题目中，比奈要求儿童记一串数字，或是找出两个东西之间的差异，这份题目启发了耶基斯。

对我们来说，把这些涉及抽象思维的问题和智力联系在一起是再自然不过的事儿了。然而，20 世纪 30 年代初期的一项研究却表明，这种想法是具有局限性的。

神经心理学家亚历山大·卢里亚在他的自传中，记录了一段他前往乌兹别克斯坦的旅行。当时，这个国家正处在快速现代化的阶段。卢里亚想看看，这种发展是否会让当地人产生另一种思维方式。有一回，他和他的同事去探访了一位住在乌兹别克斯坦偏远地区的 30 岁农民拉克玛特。

他们给拉克玛特展示了四张图片，分别是一把锤子、一把锯子、一截圆木桩和一把斧头。然后他们问他："这里面哪一项和其余三项不是一类的？"拉克玛特回答："它们全都是一样的，我认为它们都属于同一类型。你看啊，如果你要锯什么东西，那你就需要一把锯子；如果你要劈柴，你就需要一把斧头。所以它们都是必需品。"

之后，研究人员试图向他解释，说他误解了这个题目的意思。研究人员举例说："想象一下，如果有三个成年人和一个小孩，那么小孩就和其余三个成人不是同一类的。"拉克玛特说道："噢，但是那个小孩一定是和其他三个成年人一起生活的！你看啊，这三个成年人都在工作，假如他们老是需要跑回家中取东西的话，那他们的工作就做不完了。但是小孩就可以帮他们跑腿……"

物品分类是智力测试中一定会出现的问题，而与拉克玛特的对话则让我们看到，给物品分类的方法多种多样。那如果出题的人是拉克玛特，答案又会是怎样的呢？这种测试更多的是衡量人们是否具有一些对自己的族群而言十分重要的生存技能。若是由乌兹别克斯坦人来出题，他们大概会问怎样能更精准地射杀鸟类，或是如何妥善地储存白菜来过冬这样的问题，而这些，我们大多数人恐怕都答不上来。若是让马赛人或因纽特人去设计一份测试题，按照他们的标准，那我们全部都是智障。

然而，设计智商测试题的人并不是拉克玛特，也不是护士、木匠或销售员，而是像比奈和耶基斯这样受过西方高等教育，同时又痴迷于数字的人。在他们设计的智商测试题中，不管你照顾病人、造出一张桌子或是与人打交道的能力有多强，这些都不重要。完成数列、理解句子中的隐喻以及精准地将物品归类，这才是他们看重的全部（顺便说一句，我在玻利维亚做研究时，对受访者也的确抱有过这样的想法。当时我得出了愚蠢的结论，认为胡安妮塔回答不了我提出的问题）。

与此同时，抽象思维逐渐占据着智力测试题目的主导地位，以至于它看上去似乎的确是智力真正的表现形式。我们认为这种形式是最好的，但这并不代表它就是一个客观的选择。实际上，这是一种价值判断。

GDP 的情况也是如此。尽管西蒙·库兹涅茨认为 GDP 这种衡量标准并不等同于经济繁荣，但自第二次世界大战以来，GDP 就常常被当作经济繁荣的指标使用。对于许多国家政府来说，GDP 增长就等同于经济增长，而这便是最大的利益。然而，人们随即就和政府一样，自动陷入了一种价值判断之中：GDP 值非常重要，即使它并不总能反映出许多人认为有价值的东西。例如，按照这种算法，会造成环境污染的行业尽管对环境有害，却是有利于 GDP 增长的；一个安全系数较低的社会也会意味着经济的增长，因为人们不得不在大门上安装额外的锁或购买监控摄像头。而那些没有被包括在 GDP 内的东西呢？例如，荷兰人每周花费 22 个小时在各类无报酬的护理事务上，比如打扫卫生、照顾小孩或义务钟点工服务。而这些在 GDP 的数值中是看不到的，因为 GDP 的原理是：只有我们付钱雇用某人来为我们做事，那才能反映在 GDP 上面。

人们不仅仅衡量自己认为重要的东西，反之亦然：人们衡量的东西也会变得重要起来。GDP 就一直被用作政治决策的基础。比如，唐纳德·特朗普就曾用经济增长作为他发动贸易战的论据。一个国家是否能加入欧元区，很大程度上也取决于其 GDP 的数据好坏。

同样，人们也渐渐开始看重智商测试的结果，招聘、面试时就常常用到它。直至今日，这些测试中考察抽象思维的部分依然是荷兰 Cito 和美国 SAT 测验[1] 的核心，而这两门考试都能决定一个人的未来。通过这样的方式，我们逐渐被自己设计出来的衡量标准牢牢控制着。

3. 你所测量的是可以被量化的

现在这个问题依然没弄明白：智力到底是什么？我们之前看到的那么多条定义都是含糊不清的，所以也没办法将智力直接转换成数字。但是，不论人们想要测量什么东西，都需要首先对它下一个清晰的定义。于是，统计学家查尔斯·斯皮尔曼在 1904 年想出了一个手段，能绕开给智力下定义这个环节，因为人们既然最终是要把智力用数字的方式展现出来，那为什么一定要用文字去定义它呢？

斯皮尔曼查看了一些智商测试的结果后发现，在一项测试中得分较高的人，往往在另一项测试里也会拿高分。这就代表着，所有这些测试的背后都存在着某种规律，但那是什么规律呢？在经过大量的计算之后，斯皮尔曼认为可以将每个人在测试中的全部得分转换成一个数字。他将该数字命名为“一般智力因素”（g-factor），并决定用这个数字来衡量一个人的一般智力。和耶基斯一样，斯皮尔曼一直渴望能将心理学变成像物

[1] Cito（Centraal Instituut voor Toetsontwikkeling）：荷兰教育评价院，是荷兰一家专门提供各种考试试题的机构，总部位于荷兰阿纳姆市；SAT（Scholastic Assessment Test）：美国自主高考，由美国大学委员会主办。

理学那样的学科，而他的这个方法让他离自己的梦想更近了一步。自信的斯皮尔曼还认为，他的这项研究“从某些角度上看能媲美哥白尼革命”。

随后，斯皮尔曼在其《客观地测量和确定一般智力》一文中将他的发现公之于世。但他有没有像标题所述的那样、客观地进行研究呢？即便我们同意智力测试以考察抽象思维为主，不考虑其他的因素，但这儿仍然存在着一个问题：在斯皮尔曼的方法中，唯一的表现形式只有数字，他只算了可以被算出来的部分。这也就意味着他把所有抽象的部分给排除在外了——那些难以被量化的东西，比如写作的质量、解决方案的创造性；或是科学家需要花长时间去观察的东西，比如一个人学习一门语言的速度，某人在其犯错之后采取的措施，等等。

这样做产生的结果使智商测试永远不可能直接地去测量，而是间接地测量。测试的结果是一个替代变量，是一个近似值。这一点其实并没有错。一个人的智商可以帮助心理学家洞悉他的长处和短处。但心理学家不仅仅要看最后的总成绩，还需要查看每部分测试项目的成绩，并将这些数字与自己观察到的结果进行比较。

而只有当智商成为智力的代名词时，人们才需要警惕。但这恰恰是在探讨智力和肤色的关联时常常会发生的事情。智商往往被看成个确定值，而不是一个估算出来的近似值。正如心理学家埃德温·博林在 1923 年所说：“智力才是这些测试真正想要考察的东西。”

在我们所处的社会中，人们每天必须面对并处理各类复杂的现实事务，而这些都渐渐地开始用数字表示。以职场为例，在几乎每一份职业中，你都会被与数字有关的东西包围：你工作了几个小时，介绍来了几位客户，帮助了几位病患，等等。但有时候，真正重要的事情是很难用数字来表示的，比如你和客户的关系是否能持续，你照顾病患时友善与否，等等。这些不禁让人想到，据说阿尔伯特·爱因斯坦的办公室墙上挂着这样一句话：“并不是每一件有意义的事情，都能被计算出来；也不是每一件能被计算出来的事情，都是有意义的。”

但是，用数字来记录工作和智商测试一样，它本身并没有错。数字可以帮助人们更深入地了解自己的工作。不过，要是评价一个人的工作质量只看重短期内的数字成果，而忽视他在工作期间所做的其他事情的话，那就会出问题了。比如，有人曾经计算了在一段时期内，荷兰警察开出了多少张罚单。结果显示，这里存在一个特别的“罚单日”。在那一天，警察要尽可能地多开罚单。平日里那些可以睁一只眼闭一只眼的违规行为，像是骑自行车时没有打开车灯或开车时忘记系安全带，在“罚单日”都会被罚款。至于这种方法是否真能让社会变得更安全，那就是次要的了。

在英国，医院的急救中心有一条规定：每一位病人的诊治时间不能超过4个小时。为了应对这条规定，医院内部进行了大范围的调整。人们待在救护车里的时间越来越长，而病患为了不超时，总是抢在截止时间前的最后一刻才去登记。从数字上来看，医院的服务质量的确提高了，但在现实中则是更加可悲了。

或许，罚单的数量和急救中心的等待时间对于改善警局和医院的服务质量来说，曾经是一种好的解决方法。但时间一长，数字就变得没那么有用了。人们看重的不再是那些之前被认为很重要的数字，而是采取的方法。

如今我们一次又一次地看到，人们在某些情况下总能找到各种方法操纵数字。他们在数据上作弊，或调整自身的行为来达成某些指标。而这就是以经济学家查尔斯·古德哈特命名的“古德哈特定律”：“如果一项指标一旦变成了目标，它将不再是个好指标了。”数字就像肥皂，如果你用力挤它，它就会从你手中滑脱。

4. 你所测量的最终会被一个数字替代

在智商测试上还有一个很重要的主观选择：用一个数字就能代表智力。比奈，这位第一份智商测试背后的男人，对此是极不赞成的。他警告道：“概括地来说，一个数字并不能说明一个人的智力水平，因为智力的质量是无法被计算的……”

多年来，许多心理学家都同意比奈的观点，比如拥有英国和美国双重国籍的心理学家雷蒙德·卡特尔。他提出，智力的类型有两种：一种是晶体智力，指一个人所掌握的知识和经验；另一种是流体智力，指一些诸如逻辑思维的技能。他是卡特尔－霍恩－卡罗尔智力理论（Cattell-Horn-Carroll theory）的创始人之一。该理论假设人类存在着多种形式的智力，即所谓8种“广泛能力”，例如知识累积和模式识别等等。

然而，尽管提出了8种不同的能力，该理论却依旧认为可以用一个g因素概括全部的智力。这项理论影响了许多现代的智力测试。在智商测试中，每一部分的得分虽然都会被单独计算，但最终只会得出一个数字，即智商。

就算是坚决不同意用一个数字来代表智力水平的比奈本人，最后也还是用一个数字来表示每一位测试者的心智年龄。他为什么会这么做？我无法找到这背后确切的原因，但我强烈怀疑，这是因为一个数字看起来会更加一目了然。

当经济学家西蒙·库兹涅茨首次发布他研究得出的美国经济数据时，很显然他也只用了一个数字总结概括了全美的经济状况。以前，所有有用的数据都是零散的，而现在你一眼就能看明白，并且其还能引起民众的大量关注。库兹涅茨发表的经济报告甚至在大萧条时期都成了畅销书。美国总统富兰克林·德拉诺·罗斯福还用过库兹涅茨的数据作论据，来支持那些能帮助国家走出大萧条的举措。

要想把经济这类复杂的东西用一个数字概括出来，人们总得忽略一些其他东西。在 GDP 里，被舍弃的就是所有无法用钱来衡量的东西。不过，1998 年诺贝尔奖得主，经济学家和哲学家阿马蒂亚·森却表示："一个国家的发展不仅仅与金钱相关，人民还需要获得优良的教育和可靠的医疗保障。"

因此，1990 年，阿马蒂亚·森与马赫布卜·乌·哈克共同提出了"人类发展指数"的概念。该指数着眼于三个方面：人的预期寿命、受教育年限和收入。一个国家的"人类发展指数"越大，代表这个国家越发达。后来，该指数成为判断一个国家是否发达的通用衡量标准。2015 年，挪威以 0.9594 分位列世界第一，而中非共和国则以 0.35 分排名垫底。荷兰当年的名次是第五。

尽管使用多个维度来衡量一个国家的发展水平是件好事，但像"人类发展指数"这种复杂的概念却都再一次被扁平化成一个数字，一个用起来方便交流的数字。因为，假如每个国家或地区都能用一个数字来表示，那人们就能轻松地制成一张表格，谁优谁劣一清二楚。这和如果你能用一个数字来表示智力水平，那么你也就可以轻松地给人排名次，是一个道理。

当排名并不是真正的排名

本书肯定不是有史以来最畅销的书（当然它应该是所有叫

这个书名的书里最畅销的）。这是我向现在随处可见的各类排行榜的“致敬”。哪个国家是全球最幸福的国家，哪家甜品店卖的荷式甜甜圈最好吃，哪座医院是全荷兰最佳——所有的这一切都被拿来计算和分类。但其中有一些排行榜完全就是胡说八道。之前，一位做荷式甜甜圈的面包师在伊内克女士的脱口秀节目中，就谈到自己在荷兰《大众日报》的排行榜上位列第一，而后来这些分数却被证明都是经人篡改过的，因为试吃的人绝对不会给出低于3的分数。《大众日报》的总编辑汉斯·奈恩黑斯后来承认：“应我们的要求，这些数字被按照一定比例转换成了从0到10的数字，以便将最后的结果稍稍区分开来。”此后，《大众日报》就停止了这类味道测试的活动。

《大众日报》的全荷兰医院年度排行榜也几乎毫无意义。每年，该报纸都是随机选择要对医院进行评估的项目。商业专家赫尔姆·约斯滕在2014年就曾表示，每年排行榜内医院的平均升降幅度不少于25个名次。这一年位列前十的医院，大多数在下一年就会掉出榜单。如果你预约了榜首的“最佳医院”，那么很有可能当你去那里看病时，这家医院就已经不再是排名第一的医院了。

让我们回到之前所说的，用一个数字来表示像智商这样的抽象概念。对此还有另外一种反对的声音：通常来说，人们可以采取各种各样不同的方式来测量同一个概念。我们再次以人类发展指数为例，要怎样将预期寿命、受教育年限和收入这三者相加？对于一国内部的不平等问题该如何处理？男女之间的差异在测量中是否可以忽略？这些问题哪一个都没有明确的答案。

顺便说一句，这些问题并不是我提出来的。联合国在其发布的报告中，除人类发展指数外，还提到了经过不平等调整的人类发展指数和性别发展指数。人们可以在报告中看到每个国家在不同项目上的得分、衡量标准的局限性以及一些无法衡量的维度。

然而，这些细微的差别却极少出现在报纸上。因为一个数字看起来就足以认清事实了，而多余的那些数字就可以被抛诸脑后了。过不了多久，对同一个概念的各种异议就会充斥整个世界。比如，表示“饥饿”的数字在很大程度上取决于你如何定义“饥饿”。联合国粮食及农业组织（FAO）给出的定义是：一个人在一年内摄取的卡路里过少，即为营养不良。但怎么样才算“过少”呢？每天坐在办公桌前敲电脑的人和在田间耕种劳作的人，在这个问题上的差别可是相当大的。

2012年，联合国粮食及农业组织就曾给出过另一种计算模式——对饥饿的定义不同，最后得出的数据也会不一样。过去几年内，全球饥饿人口在一种情况下是增长的，而在另一种情况下，这个数值就有可能减少。研究人员还可以自行在“绝对饥饿人数”和“世界人口饥饿率”之中选择。如果你认为每一个人都重要，那么就选择“绝对饥饿人数”。但是，如果你觉得让大部分的人获得足够的食物才重要，那就要看“世界人口饥饿率”了。这些都是道德上而非统计上的考量。

研究人员的选择也会给智商测试的结果带来很大差异。1984年，心理学家詹姆斯·弗林在研究了几代人的智商后，得出了一个令人惊讶的结论：人的智商在19世纪是逐渐升高的。如果我们用当前的衡量标准重新计算前几代人的智商，那他们的得分都在70附近徘徊——这个数值意味着智障。而若用以前的标准来计算现代人的智商，那我们的平均智商是130，基本上个个都是天才。

这个现象后来被称为弗林效应，它被发现的时间是1984年，距离阿尔弗雷德·比奈首次对法国学生进行智力测试已经过去了80年。为什么花了这么长时间才发现几代人之间的巨大差异呢？尽管从那以后，弗林效应在科学上一遍又一遍地被证实是正确的，但其实测效果却无法用肉眼看到。因为，智力测试的内容每隔一阵子就会更新一次。

就拿韦氏儿童智力测试来说，该测试首次被投入使用是在1949年，然后在1974年、1991年、2003年和2014年分别被更新了1次。不仅问题涉及的范围变得更广，计分方式也有了很大的变化。新的计分方法是对一组人进行智力测试，最后一组内每个人的智商必须确保整组人的智商平均值等于100。这些测试小组的得分，就像人类社会一样，也在不断进步着。由此，心理学家詹姆斯·弗林提出了一个观点：从 19 世纪起，越来越多的学校和公司开始采取一种特定的抽象思维方式来锻炼人类的心智水平，使其变得更好、更优秀。所以，如果你和先人们一样聪明的话，那你的智商肯定偏低。

5. 你所测量的是你想看到的东西

我们回到耶基斯和他在“一战”期间给美国新兵做的智力测试。根据测试成绩，除了移民，新兵多数是智障以及黑人的智商垫底之外，耶基斯的团队还发现了一些其他的结果。例如，一个人的测试成绩和他所接受的教育年限之间似乎有着很大的关系。

然而，耶基斯并未得出“教育能提高智商”的结论，他反而认为这两者之间的关系是反过来的：“从我们采集到的数据可以看出，一个人的普通智力是决定他能否继续接受教育的最重要因素之一，这一点毋庸置疑。”甚至，当他发现黑人的受教育程度偏低时，他也并不觉得这是导致黑人智商较低的原因。耶基斯认为，正是因为黑人天生智力低下，所以他们的受教育年限才偏短。不过他忘记了一点，当时这些黑人可是生活在种族隔离的年代。

由此，耶基斯的认知在这儿产生了偏差（关于这部分内容我将在第四章展开讨论）：他不假思索就判定，肤色和思维能力是因果关系，肤色决定了一个人的思维能力，尽管他的数据根本无法证明这个结论。耶基斯并没有从他的数据中得出结论，而是听从了他的直觉。这种直觉和他所处的年代紧密相关。

这一点从耶基斯给《美国智力研究》一书所写的序言中就可以看得出来，在这本书中，他引用了自己的全套数据。后来，优生学专家在讨论美国移民问题时，常常使用这本书里的内容。耶基斯在序言中写道："作为一位公民，我们谁都不能对即将发生的种族恶化问题坐视不管，也不可忽视移民与国家进步之间那毫无疑问的关联。"

你会一次又一次地在本书中读到像这样类似的场景：如何解释数字背后的意义，取决于数字使用者的理念或需求。

智力测试的发明者阿尔弗雷德·比奈就曾警告说，我们不应该将智力视为一个不会改变的事物。尽管如此，耶基斯还是决定用数字表示智力，用智力测试的得分表示一个人先天的思维能力。

提出 GDP 概念的经济学家库兹涅茨也曾警告说，GDP 的数值并不等同于繁荣。然而，在 20 世纪，这个概念被一再地用作衡量一个国家繁荣与否的工具。

这样的诠释方法是很危险的。如果你想要严肃地看待一份数据，你就必须承认在它的背后，其实还有很多没有展现出来的东西。所以，GDP 仅仅是一个国家衡量其"生产能力"的标准，智商也只是你在一项测试中的得分而已。我们不能因为自己的理念和偏见，就把数字夸大到与事实相悖的程度。

那么，一个世纪之后，对于耶基斯诠释新兵智力测试的得分的方式，我们还能得出一些什么结论呢？智商真的能衡量一个人的先天智力吗？

不能。正如比奈所怀疑的，事实证明，一个人的智商并不能完全体现其智力水平。其中最重要的一个证据就是弗林效应。几代人智商的不断提高并不意味着祖先们是愚笨的，我们是聪明的。我们只是变得更擅长使用抽象思维了而已，因为这符合现代社会中所有人的期望。用作家马尔科姆·格拉德威尔的话来说："就好比无法说一个人有多么现代一样，智商也没办法说明一个人有多么聪明。"

心理学家们一致认为，智商是由环境和基因共同决定的。也就是说，一个人的生活环境会对智商带来极大的影响。例如，事实证明，印度农民在丰收季之前，他们做智商测试的平均得分比丰收季过后再做的平均得分低 13 分。因为在丰收季到来之前，农民们会面临一段时间的饥荒，还会遇到一些财务上的困难。他们的思维能力受困于贫穷的压力，导致他们根本没有足够的脑容量来思考测试中的问题。

在肯尼亚进行的另一项研究则发现，在 1984—1998 年，该国儿童智商的平均值提高了 26 分以上。为什么呢？研究人员指出，这归功于肯尼亚生活环境的改善：儿童的父母受到了更好的教育，国民的膳食营养得到了提高，孩子们也更健康了。

日益改善的生活环境同样也提高了美国黑人的智商。如今，他们与白人同胞的智商差值比过去更小了。30 年过去了，美国黑人现在的智商只比白人低 4 分到 7 分。简单来说就是经济学家威廉·狄更斯和心理学家詹姆斯·弗林（就是弗林效应的那个弗林）在 2006 年曾得出的一个结论：美国黑人和白人之间的智商差值保持不变，这是一个不存在的“神话”。

再回过头来说一说耶基斯和他理论的追随者们，他们将智商视为智力的代名词是错误的，而将智商用来代表先天智力更完全是胡说八道。只要美国黑人的生活环境与白人的不一样，那么去假设他们之间的智商差异是由两组人的基本生理差别造成，这就是毫无意义的。

尽管现在的情况已经有所改善，但种族之间不平等的问题依然存在。2016 年，美国黑人家庭的资产中位数为 17600 美元，是白人家庭资产中位数 171000 美元的十分之一。黑人社区（通常较为贫穷）内的学校质量也比白人社区的低。歧视仍然是当下正在发生的事情。那些用虚构的简历做的实验一次又一次地表明，那些有着看起来像非裔美国人的名字的求职者被用人单位拒绝的概率更高。而令人惊讶的是，这时，人们反而对考试中的得分差异（我只能用这个词）没那么敏感了。

“我也曾希望黑人超级聪明”（下）

在这一章中我们看到，当一名研究人员把像智力这样的抽象概念标准化时，他总会做出自己的主观选择。这么看来，数字好像一点用处都没有了，但事实并非如此。数字可以帮助人们发现一些原本隐藏得很深的模式。

不过，对数字抱有错误的期望和假定数字从定义上看就一定是客观的，这两种思维都很危险。到了那时，数字就会被人们拿来当作不再继续深入思考的借口。耶尔纳兹·拉莫塔辛说这句话的时候就是这么一回事儿。他说：“我也曾希望这个结论是错的，黑人其实超级聪明……但事实并非如此。我对此也无能为力，这都是数据得出的结论。”

这句话完全是本末倒置。如果人们想要严肃地看待数字，那就必须看见并指出它所有的局限性：数字背后隐含着人们的价值判断；并非所有事物都能被量化；衡量同一件事的方法有许多种；有很多事数字并不会告诉我们。数字并非等同于现实，而是我们理解现实的一种工具。

数字可以揭示人们原本无法看到的东西。在第一章里，我们已经了解到阿奇·科克伦是如何使用数字测试药物的效果。智商也可以用来帮助他人，心理学家就用它来了解儿童的成长过程。就算是那些表示黑人与白人之间智商差异的数字，也可以帮助人们认识到种族之间不平等的问题。

因此，不要让数字成为一个话题的终点，而应该是起点，是一个能让人们继续提问并思索下去的理由。那么，人们在研究数字的过程中都做了哪些选择？数字间的差异来自何处？数字对政策来说又意味着什么呢？还有最重要的一点，数字真的能衡量人们认为重要的东西吗？

第三章
统计中常见的基本错误

在一张 1948 年的黑白照片中，一名中年男子双手举着一份报纸，报纸上的头版标题写着这样一句话：杜威击败了杜鲁门。照片里的那个男人正在开心地咧着嘴笑，你甚至能看到他虎牙上的一条裂痕。因为就在那一刻，这个男人成了世界上最具权势的人。

这是一张经典的照片，但并不是因为美国总统候选人托马斯·埃德蒙·杜威赢得了大选，而恰恰是因为他没有赢。照片中的男子名叫哈里·杜鲁门，正是杜威的竞选对手，而他手里的这份报纸的内容完全是错的。根据先前的民意调查结果，《芝加哥每日论坛报》的主编对杜威会赢得大选这一点深信不疑，以至于他甚至没有等待最终的结果出炉，在大选的前一天晚上就让人在报纸上印下了这条标题。

大概在 2016 年 11 月，唐纳德·特朗普也曾被拍到过类似的照片。照片中，特朗普手里拿着许多张预言希拉里·克林顿会胜选的报纸的其中一张，脸上露出灿烂的笑容。因为那些人的预测都错了。

《纽约时报》在大选后的第二天发问："他是怎么取得如此压倒性的胜利的？为什么之前几乎没有人——没有专家、没有民意调查、没有媒体预想过这种情况？"

之前，普林斯顿大学的教授王声宏（Sam Wang）根据民意调查的结果曾预测，希拉里有 99% 的获胜概率。他承诺，如果特朗普赢得大选，他就去吃昆虫。于是，大选结束四天后，他在美国有线电视新闻网（CNN）的直播中吃下了一只蟋蟀，还说蟋蟀尝起来有"坚果的味道"。

在杜鲁门出人意料地赢下大选后将近 70 年的时间里，民众曾无数次地探讨一个问题：民意调查的可靠性到底如何？因为民意调查并不只是一份单纯的问卷调查，它还会左右媒体对政客的报道方式。在荷兰，它还可以影响参加电视辩论的候选人名单。此外，选民若想行使策略性投票[1]或者要决定是否去投票站投票的话，也会参考民意调查的结果。所以，民意调查

---

[1] 策略性投票：也称弃保效应，是指在选举中，一方人士为了阻止另一方的候选人胜出，而投给另一名不一定立场相近，但最大机会胜出的候选人。

以直接和间接的方式影响着选举的结果，进而影响着我们的民主。

关于民意调查是否可靠这个问题不仅仅和选举有关，因为民意调查是通过测量样本来得出结果的，人们在生活中看到的许多数据均是这么得来的。测量贫困率、采集性骚扰统计数据以及药物测试的时候，不论哪个研究项目都需要用到样本。毕竟在这些研究中，研究人员不可能让所有美国人、所有妇女和所有癌症患者都参与进来。第一章中的阿奇·科克伦医生也并没有对战俘营中所有的水肿患者进行研究，而是仅仅测试了其中的 20 名患者。第二章中的罗伯特·耶基斯也并未对所有美国人的智力进行测验，他只测量了某些士兵的智力水平。

所以，样本是我们用来了解世界的镜头。

样本的历史很可能和人类的历史一样久远，荷兰莱顿大学的杰尔克·伯利恒教授这么写道，每个人都在自觉或不自觉地使用样本。比如，当你煲汤的时候，你会拿汤匙舀一勺来尝一尝，然后根据那一口的味道判断整碗汤味道的好坏。在荷兰的奶酪交易市场上，“样品”一词已经被用了好几个世纪。检验员用奶酪刀从一大块奶酪中切一小块来品尝，以此鉴别整块奶酪的品质。

在人们开始热衷于采集数据的 19 世纪，1824 年就有人首次提出用样本调查的方法了解所有人的意见。那一年的美国总统选举，是自 1776 年美国独立以来最激动人心的事情，这并不仅仅是因为人们想知道四位候选人中的哪一位能当选，还因为许多美国人刚刚拥有了投票的权利。

由于选民们极度渴望获取一切与选举有关的信息，于是所有人都开始紧跟时代的风潮，把什么事儿都拿来计算一番。民众隔多久为某位候选人欢呼一次？是否有人把注押在这位候选人身上？过了没多久，好奇心旺盛的选民又把目光投向了候选人在军事动员会、独立日庆祝大会以及造访当地酒吧的活动中的表现。报社会把这些数据刊登出来，特别是那些对他们支持的候选人有益的数据。

让我们把历史快进到一个多世纪后的 1948 年。那一年，喜笑颜开的杜鲁门赢得了总统大选，与此同时，民意调查也变得越来越先进了。当时，民意调查均是统一由专业的民调机构在全国范围内开展，并且，从很久以前起，民意调查就不再只展开与选举有关的内容。从职业女性到战争，从联合国到普通感冒，所有美国人都可以对这些议题发表自己的观点。

然而，1948 年总统选举后，通过样本进行民意调查的方法受到了一些人的质疑。既然在杜威和杜鲁门参与的美国大选中，民意调查的结果错得如此离谱，那么其他的民意调查有没有问题呢？这些用数字作支撑的各类观点中，哪一些才正确？

之所以会出现批评和质疑的声音，这一切都和 1948 年年初发表的一项极具争议的研究结果脱不了干系。这份长达 804 页的研究报告讲述的是一个引起广泛讨论的话题：性。该报告由生物学家阿尔弗雷德·金赛撰写。为了研究男人的性生活状况，他和他的两位同事——沃德尔·帕姆洛伊和克莱德·马丁采访了 5300 名美国男性。这本名为《人类男性性行为》的报告册取得了巨大的成功，销量高达 25 万本之多，并占据全美畅销书的排行榜连续数月之久。当时，几乎所有的电台节目都在谈论它，基本上所有的漫画家都在报纸上刊登过以它为主题的漫画。

所有人都在谈论这份报告里的统计数据。在那个年代，美国男性的形象还是以得体、有教养的绅士为主。但是金赛的研究显示，事实完全不是这样的。90% 的美国男性在结婚前就已经和别人发生过性行为，50% 的男性有过外遇，还有 37% 的男性有过同性恋的经历。每 12 名男性中就有 1 名曾与动物发生过性关系（若是在农场长大的男性，这个数据则为每 6 名男性中有 1 名）。另外有一点值得关注，这些数据还在持续不断地向外传播着。不知道你有没有听过一种说法，即世界上有十分之一的男性是同性恋？这句话的出处就是这份报告。

但是，这些数据都是正确的吗？《今日生活》杂志就曾写道：杜威在 1948 年总统大选中的失利表明，我们不应该完全相信民意调查的结果。“仅凭一份只有 5300 名男性参与的民意调查，就来评估和谴责全美 6000 万的白人男性，这怎能让我们对此不抱有怀疑的态度？”

随着批评的声音越来越多，为金赛的研究支付了大部分费用的洛克菲勒基金会备感压力。于是，1950 年秋天，该基金会派了三名杰出的统计学家，向这份性学报告的主要撰写人询问情况。

三位统计学家来找一位性学家

三位杰出的统计学家坐在研究所的地下室里静静地等待着，四周堆满了有关性学的书籍。实际上，此前这三个人根本没时间去进行这项评估工作。弗雷德・莫斯特勒自己在哈佛大学的工作就已经够忙了；威廉・科克伦当时是约翰斯・霍普金斯大学生物统计学专业的负责人；约翰・图基除了在普林斯顿大学的工作之外，还得在贝尔电话实验室里兼职，他在那儿还接连获得了不少专利。这三人完全是出于一种责任感才去了这座位于印第安纳州的性学研究所。他们必须就这项高调的性学研究究竟质量如何的问题，给洛克菲勒基金会一个明确的答案。

三个人才刚刚抵达他们的临时办公室不久，门就忽然开了。门外站着一位男士，后面跟着一群秘书以及其他工作人员。这位来迎接他们的男人就是该研究所的领导，而如今他的个人声誉正掌握在这三位统计学家的手中，他的名字叫阿尔弗雷德·查尔斯·金赛。

金赛教授总是被身边的人亲昵地唤作金教授。他长得高大健壮，常常打着一个领结来上班。早年间，他研究的课题是五倍子蜂。为了能收集到尽可能多的五倍子蜂标本，他曾遍历美国 36 个州和墨西哥。面对收集来的每一个标本，他都要先仔细地做好准备工作，然后再精准地测量并记录在案。

然而 1938 年，当时在印第安纳大学工作的金赛被分配去教授一门全新的课程，而这引起了他对完全不同的另一个领域的兴趣。这门课程的名字是婚姻与家庭，是为了大学生们未来的婚姻生活而开设的，或者换一种说法，为了他们的性生活而开设的。

作为一个来自严格信奉基督教的家庭的男孩，金赛曾因为无法戒掉自慰的习惯，而怀疑自己是不是出了什么毛病。因为性在他家里是一个禁忌话题，他从家中根本无法得到任何与性相关的信息。年轻的金赛总结道："我无计可施，只能祈祷上帝让他停止我那罪恶的行为。"

金赛开始教婚姻与家庭这门课的时候，他已经年过四十，自然对性已经有了更深入的了解。不过，究竟哪一种性行为才是正常的？没有人知道这个问题的答案，甚至关于五倍子蜂的可用数据都要比人类性行为的来得多。

因此，金赛开始向他的学生们提问："你曾有过性高潮吗？""你自慰过吗？""你曾和妓女上过床吗？"但是，只向学生提问是远远不够的，金赛需要更多的数据。于是，他决定采访 10 万名国民，来完善他的数据库。他还说服了著名的洛克菲勒基金会资助他的这项研究。基金会当然知道性是一个多么敏感的话题，但是谁又能比这位已婚、生活幸福还有点书呆子气的教授更适合研究这个课题呢？并且，金赛对基金会表示，他将用之前研究五倍子蜂的方式来对人类进行研究，也就是置身事外且保持中立。他说：“我们只记录并报告事实，我们并不对我们描述的行为加以判断。”

换言之，只有事实，没有意见。

让我们再回到那间装满性学书籍的地下室。在金赛的报告发表两年之后，三位著名的统计学家被基金会派来评估金赛有没有妥善地完成工作。在评估的过程中，他们找到了金赛在其性学研究所采用的样本调查中，有可能犯的六个关键错误。

1. 采访的方式不对或设置的问题不妥

“之前你是从哪里获取有关性的知识的？”

“你是否曾幻想过在性生活中对他人施虐或受虐于他人，是否曾幻想过被别人强迫做什么事或强迫别人做什么事？”

“你第一次付钱让女人和你发生性行为或进行其他方式的性行为时，你几岁？”

在三名统计学家调查评估期间，金赛和他的同事们把他们研究中的问题向这三人统统问了一遍。这样做可以使三人亲身体验一下采访是如何进行的。

金赛研究中的采访平均持续2小时，其中包含350—521个问题，具体会问多少个要取决于采访对象的性经历。研究人员早已事先将全部的问题记在心里，因为他们认为，如果照着稿子把问题读出来，会让受访者感到紧张。为了确保采访的保密性，问题的答案都是用一种复杂的秘密代码来标注的（比如，“p”可以用来表示“青春期”“同龄人”“爱抚”或者“新教徒”）。此外，为了使受访者更容易地说出他的秘密，金赛还尝试过和两位同事一起做采访。他们不会直接问“你有没有出轨过”，而是问诸如“结婚之后，第一次与妻子以外的女人发生性关系时，你几岁？”这样的问题。那位来自普林斯顿大学的统计学家约翰·图基听到这个问题一定会觉得很不可思议，因为他在不久前娶了一位叫伊丽莎白的民族舞演员。

在一项采访中，所采用的采访方式至关重要，尤其是围绕像性这样敏感的话题时。几乎每一项研究都表明，男性的异性伴侣数量要高于女性。例如，一项英国的研究显示，每个女性平均和7位男性发生过性行为，而男性的这个数字则是女性的两倍。咦，这不可能啊！那这些多出来的女人又是从哪儿来的？还是说这项研究不具有代表性？测试人员有没有找过那些未曾接受采访的妓女呢？

还有一个合理的解释就是有些女性并没有讲真话。2003

年有一个实验，要求200名学生填写一份有关其性生活的问卷调查，其中一部分学生是一边连着测谎仪一边填写的。但那台测谎仪其实是假的，只不过学生们并不知情。问卷调查的结果显示，女性的性伴侣人数增加了70%，从2.6个升至4.4个。尽管这只是其中一项关于民意调查中的说谎行为的研究，但我们依旧可以看出，采访的方式会改变最终的结果。

那么，金赛进行性学研究时所采用的方式呢？是最佳的吗？这很难说。比较研究显示，没有哪一种方法是最适合性学研究的。有时，人们似乎在自己填写问卷调查的时候更诚实，但有时候，与采访者的互动（例如金赛的研究）实际上更有助于让研究人员挖到一些敏感信息。

除了采访的方式之外，对受访者提出的问题在样本调查中也至关重要。有些问题看似无意，其实却已经将受访者引导到了某一个方向。印度总理纳伦德拉·莫迪就曾为一项有争议的举措做过一份民意调查。2016年11月，印度政府宣布，市面上的500卢比和1000卢比纸币不再是印度的法定货币。民众花了大约两个月的时间，直至2016年年底才将旧钞全部换成新钞。

莫迪认为，该举措旨在打击腐败和逃税的行为。此外，它还能鼓励印度人民转而使用电子货币，而这正是莫迪总理极力推动的一项改革。然而，这个决定遭到了民众的强烈抗议。反对者表示：这项举措过于激进，因为其涉及了全印度 86% 的现金。要在两个月内将如此大量的旧钞换成新钞，这基本上是不可能办到的事情。

为了让那些反对者闭嘴，莫迪决定先进行一次民意调查。在 30 个小时内，50 万人参与了这份调查，并且结果很让莫迪满意：超过九成的民众认为此举措“挺好”，甚至还觉得“十分出色”。

但是，我们来看一看这份民意调查里的问题：

“你认为印度国内存在洗黑钱的行为吗？”

“你认为应该打击并消灭腐败和洗黑钱的行为吗？”

“你对政府打击洗黑钱的举措有何看法？”

“你如何看待莫迪政府为打击腐败而采取的措施？”

“你对莫迪政府废除 500 卢比和 1000 卢比旧钞的举措怎么看？”

在一个接一个的问题中，受访者被迫认同了“必须要用废除旧钞的办法打击腐败”这样的观点，并且，人们几乎无法对问卷中的问题给出一个否定的答案，因为谁会认为“消灭腐败”不对呢？于是，人们就这样被问题引导着，最后谁也没办法再反对这项举措了。

受访者还不得不对下面这个观点发表自己的意见：“废钞（将一种货币从流通中撤出，作者注）能让优质房产、高等教育和医疗保健惠及普通老百姓”。这简直是太荒诞了，而且，民众还只能从以下三个答案中选择——“完全同意”“部分同意”“我不知道”，根本就没有反对的选项。印度班加罗尔大学市场营销学的教授普里斯维拉吉·穆克吉对此这么评价：“你要是上过我的课，然后设计出了这么一份问卷，那我一定会让你挂科。”

一份好的问卷调查，里面的问题应该是中立的。这说起来容易做起来难，因为即便是问题中的一个细微差异，也会带来不一样的结果。2014 年，美国有线电视新闻网（CNN）和民调机构盖洛普同时开展了一次有关恐怖主义的民意调查。两项调查均是通过电话的方式进行，两方选择的受访人数和代表性也基本一致（关于代表性这一点我稍后再详细解释）。CNN 的民调结果显示，有 14% 的受访者认为恐怖主义是个大麻烦，而盖洛普那边，这个数字只有 4%。差异的产生很可能就出在设置的问题上。CNN 提的是一个封闭式问题：“下列我国目前正在处理的事项中，哪些是你认为最重要的？”选项有“经济”“气候”“恐怖主义”……而在盖洛普的民调中，问的是一个开放式的问题：“你认为我国目前正在处理的事项中，最重要的是什么？”不提供答案选项的话，受访者很少能马上想到恐怖主义。

在金赛的性学研究中，调查的设问方式也有可能影响到受访者的答案。金赛一直试图鼓励受访者说真话，但他问的问题恰恰可能产生相反的效果。例如，“你第一次自慰是什么时候？”这样的问题会让从未自慰过的人觉得自己有别于常人，导致他宁愿选择说谎也不愿意说实话。

尽管如此，三名统计学家仍然对他们亲身体验到的采访过程印象深刻，并认为这的确是收集此类敏感信息的最佳方法。但这并未减轻他们对金赛性学研究的担忧。因为三人对调查中所提的问题或采访所用的方式并不是很担心，他们担心的是，研究对象由什么人组成。

2. 该研究把某些群体排除在外

三名统计学家对金赛性学研究的最大异议是：它针对的是某些特定人群。金赛采集数据的地点是同性恋酒吧、监狱和大学校园。那么，我们至少可以说金赛使用的并不是采集数据的常规方法。“我们和受访者一起外出就餐，一起去听音乐会、去夜总会、去剧院看戏、去打台球、去酒吧喝酒……我们说服他们把我们介绍给他们的朋友。”金赛甚至还采访了自己的孩子。大约 9 年内，有超过 11000 人接受采访并谈论了他们的性生活，其中男性约 5300 名。剩余的大约 6000 名女性，则是金赛几年后发表的另一份报告的研究对象。所有的采访工作都是由金赛的两名同事完成，因为金赛只放心把这项工作交由他们来做，所以他俩几乎每天都在去采访的路上。

尽管整个研究的采访过程令人印象深刻，但样本调查看重的并不是样本的数量，而是其代表性。这就是金赛通过“熟人介绍法”获取受访者的弊病所在。金赛没有或几乎没有到过保守派教会社区、工厂和乡村中去寻找受访者，在他的研究对象里也根本没有黑人。而其他群体——同性恋者、学生和中西部居民在受访者中所占的比例却很大。

简言之，这份报告应该改名《美国中西部白人男性的性行为》才更贴切。

甚至如今，许多民意调查都只研究了某些特定群体的意愿。拿莫迪为新举措做的那份民调为例，他的问卷是在自己的互联网小程序中分发的。但在 2016 年的印度，全国只有 30% 的人可以使用互联网。这些人来自较高的社会阶层，他们更经常使用银行卡而非现金。与那些无法使用手机互联网的人相比，这一部分人通常会持有不一样的政治见解，而且，如果你不是莫迪的支持者，你也不可能一直在“纳伦德拉·莫迪小程序”线上等待问卷的发布。还有，问卷只提供两种语言的版本：印地语和英语。这样一来，数以百万计不能熟练使用其中任意一种语言的印度居民就被排除在外了。

科学研究中也发生过这样的事——结论给出的是一般性陈述，但实际研究过程中却排除了某些特定群体。比如，在心理学领域就是以西方国家的研究为主导。2008 年的一篇综述文章曾显示，在过去五年内，至少有 95% 的心理学研究是由来自西方国家的研究人员完成的，其中大多数研究人员（68%）来自美国。并且，心理学的研究对象大多来自一个非常特定的群体：研究型大学心理学专业的学生。因为他们一般就待在研究所附近，参与研究也只是为了一袋巧克力豆的奖品。

心理学家约瑟夫·亨里奇和他的同事曾提出这样一个观点：心理学研究中的样本是“怪异”的，因为他们都是来自西方的、受过教育的、工业化的、富有的和具有民主意识的人。而最终的结果通常会用“全人类”一词概括，但研究采用的那些“怪异的”样本和其他群体之间，其实存在着极大的差异。

关于这一点，你可以在一些非常基础的人类心理活动的过程中看到。以米勒－莱尔错觉为例：下图左侧 A 和 B 这两条线哪一条更长？对于我们大多数人来说，A 看起来更长一些。但实际上这两条线一样长，如下图右侧所示。这是一个课本里的标准案例，但对一小部分非“怪异”的群体的额外研究却表明，并非每一个人都对这种错觉同样敏感，例如，来自非洲卡拉哈里沙漠的一个人就看不出这两条线之间的区别。

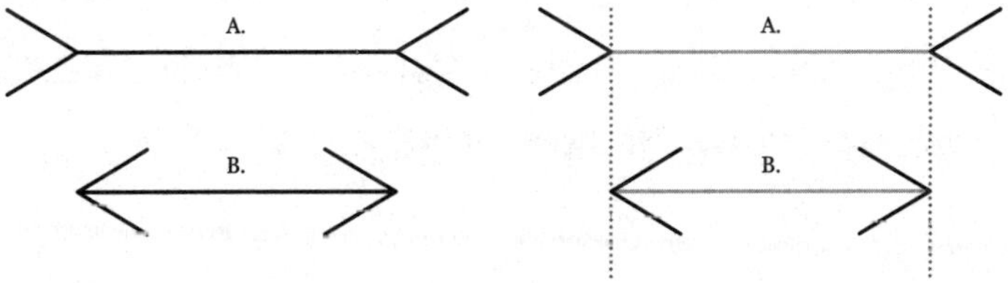

米勒－莱尔错觉

样本调查中，将某些特定群体排除在研究之外，可能会对结果产生深远的影响。直至1990年，药物主要还是在男性身上试验。因为女性参与药物测试可能会面临怀孕的风险，而研究人员并不想冒这个险。然而，发生在20世纪五六十年代的“反应停事件”却表明，把女性排除在外的后果是多么严重：为了缓解孕吐反应，成千上万名孕妇服用了药物沙利度胺，导致她们最终产下了畸形的胎儿。当然，让女性参与药物测试的确不是一件容易的事，因为她们的荷尔蒙数值每月都会上下浮动。

可是，女性对某些药物的反应与男性截然不同。2001年，美国政府问责局调查了由于副作用而被撤回的10种药物后发现，其中有8种药物，女性受害者数量高于男性。在这8种药物里，有4种更常开给女性。而在服用另外4种药物的人数方面，男性和女性基本持平，但女性出现了更多副作用。例如，药物米贝拉地尔会导致女性老年人心率下降或心脏骤停，但在男性老年人身上却不会。

幸运的是，近年来，为了防止此类事件再度发生，各国都采取了措施。美国和欧盟均以立法的方式，确保女性在医学试验中不能被替代的地位。不过，因为样本调查中排除了某些特定群体而最终危及生命的事件，目前依然存在。

3. 样本的规模太小

虽然样本的数量并不能保证一项研究具有代表性，但样本的规模大小还是很重要的。我们回想一下第一章在战俘营内进行研究的阿奇·科克伦。后来，科克伦将这个试验称为他最成功的试验，因为他在德国人的帮助下成功弄明白了水肿的起因；但同时，他又认为这个试验是他最糟糕的试验，因为他只做了 20 个人的小范围研究，将他们分成两组，每组 10 人。

样本规模过小会增大产生极端结果的可能性。设想一下，你现在正在外面散步，准备随机找一名路人交谈。你拦下的第一名路人是一位女性，你和她聊过之后准备再找第二名路人继续交谈。而这第二名路人恰好也是一位女性。那么，如果你根据这项样本调查得出结论，说全荷兰 100% 的人都是女性，岂不是很奇怪吗？因为你在街上待的时间越久，整个样本中全是女性的概率就越低，也就越接近现实中人口的真实情况。这也就是为什么用小规模的样本开展民意调查永远都不是一个好主意，因为你最终得到的结果很容易与你想要研究的群体的意见有极大出入。

在样本规模过小的实验中，你也会看到同样的问题。如果将两个小型规模的实验组放在一起比较，两组的结果很可能会大相径庭，因为异常值在一个小型规模的实验组中会很容易扭曲最终的结果。我们以心理学家埃米·卡迪的研究为例。她和她的一位同事曾一起研究了肢体语言是否会对一个人的生理和心理产生影响。最终她的研究表明，一个强劲有力的姿势，比如将脚踩在桌子上或张开双臂，会给人带来很大的差异。不仅仅是参与研究的人表示，他们在摆出这种姿势时觉得自己更加强壮了，这种姿势还有生理上的作用：能使人感到统治力的“支配荷尔蒙”睾丸素水平上升，而与压力相关的“压力荷尔蒙”皮质醇水平下降。卡迪关于该话题的 TED 演讲，因此成了最受欢迎的演讲之一，她的书也成了畅销书。

然而，任何想要引用卡迪研究的原始数据的人都会发现，她的结论是基于一个小型规模实验得出的，一个只有 42 个人参与的实验。当其他研究人员把卡迪的实验放到 200 个人的大组中重复实验时，结果就没那么引人注目了。尽管受访者的确感觉自己变得更强壮，但激素水平却没有什么大的变化。

在其他学科的研究领域（例如神经科学），我们也会经常看到一些规模特别小的研究。不过，它们的存在是合乎逻辑的，因为通常这种类型的研究造价极其昂贵。但是，如果我们用这些研究去了解人类的心理活动、健康水平或发展轨迹，那我们可就完完全全走错了路。

随机抽样调查是这个问题的解决方案吗？

五天后，三名统计学家离开了性学研究所，准备回去写下他们各自的发现。在与金赛教授的对谈中，三人曾在黑板上写下过各类公式和数字，以此向他说明为什么他的研究不具有代表性。尽管金赛教授始终坚持自己的研究没有问题，但他对于三人提出的疑问也无法给出一个好的解释，基本上算是毫无招架之力。

金赛对三名统计学家要写的调查报告十分慌张，因此他决定前往纽约向乔治·盖洛普寻求帮助。当时，盖洛普是民意调查领域的专家。他在 1936 年、1940 年和 1944 年都正确预测了美国总统大选的获胜者。唯一一次预测错的就是 1948 年。正是根据那次盖洛普和其他民调专家的预测结果，《芝加哥每日论坛报》才会如此大胆地在报纸上提前印下“杜威胜选”的头版标题。

在那之后，盖洛普渐渐明白了他蒙受耻辱的根源所在：配额抽样法。此前，他的做法是让采访人员照着一份列有“民众类型”的清单，去全国各地寻找受访者，例如“住在农村的中产阶级妇女”。采访人员必须从每种类型的人那里，收集到不低于某个数额的问卷调查结果。

盖洛普的这个方法从逻辑上来看，似乎可以解决我们先前提的问题。因为这样一来，没有一个群体会被排除在样本之外，并且配额制度还可以确保采集到足够多的数据。直至今日，许多民调机构依旧采用这种方法开展民意调查。他们尝试与各个州或省的居民保持联络，以此对各个州或省的男女比例以及居民年龄有一个大致的了解。如果某些群体的代表人数过多或不足，他们也会在采集到数据后加以修正。例如，在缺少女性受访者的情况下，她们的回答所占的权重就会被加大。这种修正方法可以让最终的数据更具有代表性。

然而，盖洛普的配额抽样法一直存在着一个问题。这个问题从他的一位员工写的一份实践报告中就能看出来。1937 年，为了完成“低学历男性”的配额，这位数据采集员采取的办法是去和建筑工人一个个地交谈。每当建筑工人们午休时，他就和他们一起坐下，然后问其中一个人：“关于和德国签订的条约，你是同意还是不同意？”随后又问其他人：“你呢？你觉得呢？你认为呢？”但这种方式对富裕阶层的人来说却不奏效。这位数据采集员在他的报告中这样写道：“你必须鼓起勇气去城市里的高档社区，努力尝试找到一户看起来较和蔼的人采访。”

而那些院里养着看门狗、不让采访人员进屋的屋主呢？或是那些午休时间回家吃饭的低学历男性呢？他们可能和其他容易接近的同类人持有不一样的观点，但他们的意见最终却并没有被记录进采访人员采集的数据库中。

配额抽样法和目前许多民调机构采用的加权处理法，存在着一种认知偏差，即人们的意见仅仅受到一些（容易衡量的）

因素的影响，例如收入、性别和年龄。但除去这些因素之外，人们的意见还可能会受到性格、梦想、青少年时期的影响、性取向、最好的朋友等其他因素的影响。而你根本无法把所有的因素都列举出来。

因此，目前尚不清楚影响人们意见的因素到底有哪几种。这也意味着，民调机构无法确定，到底要在哪些因素上对数据加以修正。

所以，配额抽样法对金赛的性学研究而言并不适用。那么，他应该要怎样研究呢？关于这一点，三位统计学家给出的答案是随机抽样法。约翰·图基曾提出，金赛还不如拿根针在电话号簿里扎孔，然后去采访所有名字被扎了个洞的人，那样会更好。图基说："金赛所有 18000 个案例中，真正符合随机抽样的只有 400 个。"

目前，随机抽样法依然是样本调查中最重要的一种。给每一个人均等的机会参与调查，研究者才能获取一个较准确的平均大众意见。像荷兰中央统计局这样拥有所有荷兰人的全部档案的机构，就可以从中随机挑选任意的人组成一组进行研究。盖洛普和同事在 1948 年蒙受耻辱后，也开始采用随机抽样的方法开展民意调查。而这也正是位于困境中的金赛去纽约的目的。他想知道，随机抽样法对性学研究而言，真的是一种更好的方法吗？

金赛教授到达纽约后，盖洛普先是花了很长时间，向神经紧张的金赛解释了随机抽样法如何运作。可盖洛普的话让金赛更加认定，如果他采取随机抽样法进行性学研究，那么统计学家的批评声浪更能将他淹没。因为随机抽样法有一个很大的缺陷，那就是并不是每一个人都能参与研究。

4. 愿意参与研究的人太少

盖洛普和他民调机构的同事开始采用随机抽样的方法后，他们很快就发现，有时候会遇到受访者不在家或者拒绝参与民意调查的情况。出现这样的随机样本在科学上也许是合理的，但盖洛普和其他的民调机构可没那么有耐心。他们得用民意调查赚钱做生意呢，所以就会牺牲掉一点样本的代表性。

即便整组样本都具有代表性，若其中出现受访者不在家或拒绝参与民意调查的情况，那么最后被采访的那些人的代表性也会有所下降。而金赛研究的课题是性学，采访被拒的可能性本来就很高。举个例子，金赛在大学办公室采访女生的时候，总会有一些男生等在办公室的外面。女生如果待在里面超过一个小时，外面的男生马上就会知道这位女生不是处女，因为只有有过性经验的人才会被问及后面一系列的问题。那么，学生并不总愿意参与金赛的性学研究，这一点也就没什么好奇怪的了。

因此，如果随机抽取出来的样本中，拒绝接受采访的人数过多，那么这份随机抽取的样本也就没有意义了。荷兰 RTL 频道在 2015 年就曾开展过一回关于黑彼得[1]的民意调查。调查结果显示，有 69.8% 的荷兰人希望看到黑色或者棕褐色皮肤的黑彼得。用 RTL 新闻频道的话来说："黑彼得必须保持黑人的样貌。"这份民调结果无疑是在给这个每年秋天都会被拿出来讨论的话题火上浇油。

在整个事件中，没有人关心这份民调使用的调查方法是什么，人们更在乎的是最后的调查结果。而当莱顿大学的耶尔克·贝特勒汉教授为此特意去询问 RTL 频道时，却被告知这次民意调查的样本并非随机抽取。但即便是随机抽取的样本，这份民意调查的结果也仍不可靠，因为所有受访者中，只有四分之一的人愿意参与这次调查。

好，如果拒绝参与 RTL 频道民调的人和参与民调的人这两个群体之间没什么太大的不同，那这样做也没什么不可。然而，两个群体之间明显存在差异，并且这些差异的原因来自方方面面。那些拒绝参与民调的人之所以拒绝，是因为他们对这个话题并没有强烈的意见，或是他们已经受够了这个一次又一次被拿出来讨论的话题，又或者仅仅是因为没时间而已。那如果剩下的四分之三，即拒绝参与民调的人全都对黑彼得持反对

[1] 黑彼得（Zwarte Piet）：荷兰圣诞老人的助手，传统上以黑人的形象出现，在 12 月 5 日的晚上帮助圣诞老人分送糖果和礼物给乖小孩。近年来，因为涉及种族歧视等议题，这个角色在荷兰国内引发了许多争议。

意见怎么办？这样一来，黑彼得支持者的比例仅为 17.5%。反之，如果这部分拒绝参与民调的人全都支持黑彼得，那么这个比例将高达 92.5%。

这也就是为什么，金赛反对三位统计学家向他提出的，要求他采用随机抽样法进行研究的观点：在这种情况下，很少有人会愿意参与性学研究。但完全不去考虑那些潜在的拒绝参与者也不是一种解决方案。因为人们还是希望把那些拒绝参与者的意见考虑在内，就如同关于黑彼得的民意调查一样。那些缺失的信息不仅使金赛的性学研究变得不可靠，还使人们无法衡量这不可靠的程度到底有多少。

5. 忽略了不确定性的边际值

糟糕的问题、部分群体被排除在外、样本规模太小、拒绝给出意见的受访者——这就是为什么民意调查无法准确地反映现实情况的四个原因。但是，就算问题设置得比瑞士这个中立国还要中立，样本也具有代表性并且规模够大，这其中依然存在一个永远无法解决的问题：样本中并不是每一个人都会被采访到。通常调查只是采访了全部样本的一部分，以这一部分的调查结果代表全部样本的调查结果。而这一部分被采访到的人看上去和全部样本完完全全一致的可能性极小。如果金赛的性学研究采用随机抽取的样本，那么某一份样本中，同性恋的人数可能依旧会比另一份样本的人数多一些，又或者外国人的人数会少一些。这都很正常，因为一份样本是由什么人组成的，这完全取决于偶然因素。

因此，民意调查始终存在着一个不确定性边际值。这个值的带宽表示现实可以偏离调查结果的程度有多少。根据经验法则，样本的规模越大，不确定性边际值则越小。而这个边际值的确切数值是多少，你可以通过一个并不难的公式计算出来：登录 aselector.nl 网站，你就可以找到有关如何计算随机样本的边际值的各种信息。

现在我们假设金赛性学研究的样本是随机抽取的。一旦他确定有 50% 的受访者在采访过程中说了谎，那么其不确定性边际值会有多大呢？如果金赛仅仅采访了 100 名男性，这个数值的百分比会上下浮动 10 个百分点左右（在下一个小插曲中，我会对“百分点”一词展开具体分析）。也就是说，带宽将不少于 20 个百分点。但是，因为金赛的样本中有 5300 名男性，那么其不确定性边际值仅为 1.3 个百分点。

2017 年 3 月，正值荷兰议会二院选举的前两周，RTL 频道举办了一次由各个党派领袖参加的多方辩论。辩论结束后，1183 名观众参与了对这场辩论的民意调查。调查结果显示，年轻的绿色左翼党领袖杰西・克拉弗赢得了最多观众的支持。

和对黑彼得的民调一样，这份由 DVJInsights 民调机构进行的民意调查也基本不具有代表性。但是，就算参与调查的受访者是随机选择的，我们也不能冠以克拉弗获胜者的头衔。他在这份民调中获得的支持率是 17.4%。尽管这个数字的确比排在他后面的亚历山大·佩希托、马克·吕特和亨克·克罗尔的支持率都要高，但这些数字之间的差异都很小。换句话说，他们的支持率根本没有差别。克拉弗的不确定性边际值为 2.2 个百分点，而后面三人的民调支持率与克拉弗支持率的差值都在这个数值范围之内。

样本中的不确定性边际值常常被媒体忽略，尤其是涉及选举的时候。例如，关于荷兰议会二院选举的民调中，一般会保留 3 个席位的浮动范围，而这个数字到了报刊专栏和脱口秀节目那儿就只剩下一个了。

2016 年特朗普胜选后，许多报纸就曾指出，之前那些关于美国总统大选的民意调查结果完全是错的。然而，如果你去看一眼它们的不确定性边际值，你就会发现这种说法站不住脚。当然，的确是有几个州的民调搞砸了。例如，特朗普在威斯康星州的选举结果，比先前马凯特大学法学院的民调预测值高出了 6 个百分点，他在密尔沃基市郊的选举结果甚至还高出了 10 个百分点。

但就总体而言，民意调查的结果是接近最后的选举结果的。特朗普在选举中最终获得的实际票数，也就是由美国选民投出来的票数，只比民调结果预测的高出 1 到 2 个百分点而已。而诸如美国广播公司新闻网和《华盛顿邮报》这些著名的民调机构，给出的不确定性边际值是 4 个百分点。因此，如果你之前看过民意调查的结果，对最后特朗普的胜选也就没什么好讶异的了，并且，这一回民调结果和大选结果之间的差异，甚至比 2012 年大选时的差异还小，但当时并没有人抱怨过这些数字。由此可见，2016 年的美国大选，并非民调机构出了错，而是媒体。

那我们能从中学到什么呢？在采集数据的过程中，总会出现最终的结果并不完全精确的情况。不要认为数字能精准地反映现实，数字应该是像透过磨砂玻璃看东西一样：你可以看到一个大致的轮廓，但永远都无法完全看清楚。

当迪翁 · 斯塔克斯说到百分比

2015 年 3 月 18 日，迪翁 · 斯塔克斯在荷兰国家电视台的电视节目中说道：“我要说明一点，实际上，如果按照严格一点的说法，我应该使用的词是‘百分点’。但今晚的节目中我还是会照常说‘百分比’，你们知道意思就行了。”

无独有偶。每逢荷兰议院选举时，总会有人抱怨说“百分比”这个词被大家用错了。在省级的选举中，这种情况也曾经发生过。斯塔克斯在电视节目中播报了选举的结果，随即就在推特上饱受批评，原因就是她混淆了“百分比”和“百分点”这两个词。

那么这两者有什么区别呢？假设一个政党在先前的选举中

获得了5%的选票，而现在获得了10%的选票。在这种情况下，斯塔克斯会说该政党获得的选票“增加了5个百分比”。但实际上这么说是错的，选票在数量上是翻了一倍，因此应该说选票“增加了100个百分比”。但如果你一定要用5这个数字的话，那就应该说选票“增加了5个百分点”。

6. 研究人员只对特定的结果感兴趣

1954年，莫斯特勒、科克伦和图基到访金赛的性学研究所四年之后，三位统计学家联合发表了一份长达338页的对金赛性学研究的批评报告。报告中总结：金赛的研究工作令人印象深刻，但他的样本并不能很好地反映出美国男性的真实状况。当时，金赛已经用了和研究男性性学相同的方法，研究并发表了另一份关于女性性生活的报告，其中的样本依旧不具有代表性。因此和男性性行为一样，金赛也为女性性行为的状况给出了一份错误的概述。但这没什么大不了的。金赛的传记作家詹姆斯·琼斯在1997年写道：“大多数美国人几乎毫不关心专家心里是怎么想的，人们只想看看金赛在研究里发现了什么。”

时至今日，金赛的性学研究依旧引发着激烈的讨论。讨论的内容通常并不是关于他的研究是否具有代表性的问题，而是其男性性行为报告第五章中那四张著名的表格。这些表格表示了317位男性青少年的性生活，其中年龄最大的15岁，最小的只有2个月大。第一张表格显示的是在这317人中，体验过性高潮的人数百分比；第二张是他们到达性高潮所需要的时间（平均时长为 3.02 分钟）；第三、四张表格讲述的是在研究的观察期内，经历过多次性高潮的男性青少年们，其中有多少人可以持续性高潮状态长达 24 小时。这两张表格随附的文字写着：这份数据来于 9 位男性。然而这在 2005 年被证实是一则谎言，数据只来于 1 位男性。出于保护这名男性的目的，金赛对外谎称数据来于多位男性。

这位男性（我们暂时叫他 X 先生）的故事是这样的：在他小的时候，X 先生就被他的祖母和父亲性侵过，而这就是他沉迷于性生活的开端。金赛的同事在 1972 年的一篇关于这名男性的文章中写道，当研究人员和 X 先生取得联系时，他就已经"与 600 名前青少年时期[1]的男孩发生过同性性行为；与 200 名前青少年时期的女孩发生过异性性行为；与数不清的成年男女以及许多种类的动物发生过性行为……"并且，X 先生把自己所有的性行为都详细地记录了下来。

金赛将 X 先生的这些记录视为一座科学上的金矿。金赛在给他的信中写道："祝贺你，你的研究精神让你连续多年以来采集到了这么多数据。"X 先生是一位常常需要出公差的公务员。因此，他曾多次在下榻的酒店房间墙壁上凿开一个洞，用

[1] 前青少年时期：指人类发展中，在幼儿和青少年期之间的阶段，一般会以青春期的开始认定为前青少年期的结束。

来监视隔壁房间的动静，并记录下窥探到的所有性行为。金赛写道："我对你的酒店观察记录非常感兴趣。"并且金赛觉得，在研究中使用这些数据一点问题都没有。他认为，作为一名研究人员，收集事实是他的任务，而非在道德上做判断。

但金赛说错了，作为研究人员，他时时刻刻都在做道德层面的判断。关于这一点我们曾在本书第二章中提到过。哪个课题很重要、如何与受访者互动、最终将怎样处理采集来的数据，这些选择都是由研究人员做出的。金赛对外谎称数据来于多位男性，这是一个科学上的错误，并且在许多人的眼中，接受并使用与性侵儿童相关的数据就是一种道德层面的判断。金赛把 X 先生当作其研究团队中的一员，实际上就是默许并认可了他的这种行为。

另外，金赛的身上还背负着一种使命。这位总是打着一个领结、看上去客观公正的教授，在背后为自己真实的性取向认同苦苦斗争了数十年。詹姆斯·琼斯在金赛的传记中写道："金赛曾与其他男性有过外遇。他做过性虐恋的实验，还鼓励自己的大学同事采取开放式的婚姻。"金赛认为在那个年代，有关性的道德准则非常保守，阻碍了人们成为真正的自己。他甚至还怀疑，恋童癖是否真的如许多人所认为的那般不堪。金赛曾对一位同事说过，在某些情况下，成年人与儿童之间的性接触甚至还可能是有益的。

2004 年，由连姆·尼森主演的电影《金赛性学教授》被搬上大荧幕，有关金赛从 1948 年开展的性学研究的讨论再一次火了起来。性自由的支持者将金赛看作性革命、避孕药、堕胎和同性恋权利的先驱，而反对者则指责他接受的是一些卑劣的性行为准则。无论你支持哪一方的观点，有一点始终绕不过去：金赛的数据并不客观。他被一种要公开打破性行为准则的使命感驱动着。因此，我们不仅仅要问这些数据是如何被采集的，还应该要知道是谁采集了这些数据。

对于金赛而言，他那些欠缺代表性的数据恰好印证了其背后的一个道理：人们的实际行为与先前制定的标准有很大不同。金赛的研究实际上是一种披着各式图表和表格的科学外衣下的行动主义。

第四章

数据可以是骗人的鬼才

1953 年，烟草业陷入了困境。菲利普·莫里斯国际公司（菲莫公司）、美国烟草公司以及其他烟草制造商的股价忽然暴跌，起因是癌症研究人员欧内斯特·温德和他的同事发表了一篇论文。在这篇论文描述的实验中，他们用骆驼毛制成的小刷子，在剃光了毛的小白鼠背上刷了层焦油。

这项研究的结果令人十分痛心。测试组中有 44% 的小白鼠得了癌症；在刷了焦油的那 81 只小白鼠中，20 个月过后，只有大约 10% 的小白鼠存活。而在没被刷焦油的对照组里则未发现癌症，53% 的小白鼠在 20 个月过后依然存活着。《纽约时报》《生活》以及广受大众欢迎的《读者文摘》都撰文对该项研究的结果表示了担忧。《读者文摘》还当了一回标题党：每包烟中的癌症。

这下那些烟草业大亨可就坐不住了，他们再也无法对那些质疑的声音置之不理。因此，这些人决定于当年 12 月齐聚在纽约中央公园附近著名的橡树屋餐厅。他们要在那里制订一份计划，以保护烟草业免遭那些“毒舌”研究人员的侵害。在场的一位男士名叫约翰·希尔，没有人比他更能帮烟草业巨头们出谋划策，因为他曾担任全美最厉害的公关公司伟达公关的 CEO。这些大亨想请他想个办法，让民众相信，温德和他同事的指控没有科学依据。他们希望向世人表明，所有对于香烟的担忧都是胡说八道。

讨论过后，这些人很快便采取了第一步行动。1954 年 1 月 4 日，几大主要的香烟制造商对外宣布他们共同成立了“烟草行业研究委员会”。随后，该委员会在 400 多份报纸上刊登了整版广告，并撰文向公众保证他们的产品无害。文中写道，在人类享受烟草的数百年时光中，曾有批评家指责它“与人体中的每一种疾病都有关联”。根据该委员会的说法，这种指控每一次都因缺乏证据而难以成立。然而，目前人们已经对烟草的危害性产生了怀疑，这自然而然地引起了制造商们的重视，文中继续写道，通过制造商们之间的相互合作，他们将在“烟草使用和人类健康的所有阶段”的研究中，贡献自己的一份力量。

一场持续近 50 年之久并会牺牲掉无数生命的阴谋即将开始。美国司法部后来指出，1954 年 12 月某个寻常的一天，这些烟草商决定“在吸烟对身体健康的影响上误导美国民众”。

然而，并不只有烟草业误导了民众，数千名科学家也参与了这个骗局。

会说谎的统计数字

烟草业往报纸上投放整版广告的同一年，达莱尔·哈夫出版了一本书，叫作《统计数字会说谎》。这本长达 142 页的作品，将成为有史以来所有讲数字的书中最畅销的一本。哈夫并不是统计学家，而是一名好奇心过盛的记者。他早年写的书多关于摄影、职业和狗，而现在他把目光盯在了滥用数字上。他在书的前言中写道：“骗子们早已熟知了这些把戏。诚实的人们出于自卫的目的，也有必要学习一下这些骗术。”这本书取得了巨大的成功，单单英文版就售出了超过 150 万册。

这是我最喜欢的一本有关数字的书。在书中，哈夫运用幽默的笔调，向读者们讲述了一些目前人们依旧在犯的错误，例如缺乏代表性的民意调查和具有欺骗性的图表。他还详细地写了另外一个经典的错误：人们常常混淆相关性和因果关系这两个概念。这个错误指的是，由于两个事物之间存在着某种联系，人们便会自动认为是其中的一件事导致了另一件事。

哈夫在书中就曾举过一个很妙的例子：人们可以通过计算

一户人家屋顶上鹳鸟[1]巢穴的数量，估算这家有多少个婴儿。换句话说，婴儿和鹳之间是有联系的。但是（此处有剧透），孩子并非由这种黑白相间的鸟带来的。这两者之间的联系（相关性）并不意味着是其中一方导致了另一方（因果关系），因为很可能还有另外的因素在左右着这两件事物。哈夫写道：“大房子里住着的（一般）都是一大家子人，同时，大房子与其他的房子相比，烟囱的数量更多，能吸引到更多的鹳鸟前来筑巢。”

不仅统计学家们需要拥有识别这种错误的能力，对我们所有人而言也是如此。生活中有许多重要的决定均基于一种假定的因果关系。政府要采取紧缩政策，是因为政府官员认为这会减少政府的一些债务；烟民要开始戒烟，是因为医生告诉他，如果继续吸烟会得肺癌；我尽可能地少乘坐飞机出行，是因为我听专家们说，这样做对全球气候更有利。这也就是说，如果你得知了一件事是由什么原因引起，那么你就有能力去改变这件事。

但是，我们不应该将相关性和因果关系混为一谈。这种错误我在本书第二章和第三章中就曾提到过。在第二章中，政客们声称一个人的肤色决定了他的智商。在第三章里，心理学家

[1] 鹳鸟：鸟纲鹳形目的一个科。鹳喜欢在房屋顶上的烟囱附近筑巢，在西方俗称送子鸟，因为在童话中，鹳常会带来新生儿。

埃米·卡迪指出，一种特定的姿势会影响一个人的激素水平。

而最常犯这种因果关系错误的地方，莫过于那些健康新闻。如果你喝点儿金汤力，就会减轻一些过敏性鼻炎的症状；要是你剃了阴毛，则会更容易染上性病；吃纯的黑巧克力对心脏有好处……以上这些例子只是其中的一小部分，而每天都有许多诸如此类的信息充斥着我们的生活。此类说法大多都含有夸张的成分。这不仅仅是因为媒体喜欢报道那些吸引人眼球的消息，这个现象在大学的新闻部门里也屡见不鲜。为了让学校的研究得到更多人的关注，他们也常常刊登一些有夸张成分的学术新闻稿。曾有来自荷兰的五名研究人员，在翻看了 2015 年所有的健康新闻后得出了一个结论：20% 的学术新闻稿夸大了研究结论或其主张的因果关系，而媒体只是照搬了这些被夸大的结论。

倘若人们不能继续盲目地相信媒体记者和科学家们说的话，作为新闻消费者的我们该如何分辨哪些说法是胡扯的呢？比如，我们该如何知道吸烟到底会不会导致肺癌呢？这个问题的答案，我们在《统计数字会说谎》这本书里就能找到。在书中，哈夫描述了三种类型的“伪因果关系”。

1. 这是个偶然事件

乔纳森·舍恩菲尔德和约翰·约安尼季斯是两名研究癌症的医生，而他们的研究使用的资料来源是一本烹饪书。他们从这本《波士顿烹饪学校教科书》中随机选择了一些菜谱，并记录下这些菜谱中需要用到的前 50 种食材。随后，他们带着这份食材清单，去医学搜索引擎 PubMed 上找寻有关的医学研究档案。这二人的第一项发现着实令人无比讶异：在这 50 种食材里面，有 40 种食材曾出现在一项或多项与癌症相关的研究中。他们不禁疑惑“难道我们吃的所有东西都与癌症有关吗”？

这两名医生的第二项发现则更是又荒唐又离奇：同一种食材在不同的癌症研究里竟然会出现截然相反的结论。例如，若有一项研究的结论是喝酒有利于身体健康，那么一定会存在另外一项研究，其结论是建议人们最好不要饮酒。

于是，舍恩菲尔德和约安尼季斯决定将他们的研究范围缩小一下，只看那些至少在 10 项癌症研究里出现过的食材。这样算下来就只有 20 种食材符合条件。而在这 20 种食材之中，二人发现，有 17 种食材在相关的癌症研究当中生成过完全矛盾的结论，不管是西红柿、茶叶，还是咖啡、牛肉，皆是如此。

这些矛盾的结论当然不可能是一起得出来的，但那些做研究的人又是如何得出这样的结论的呢？哈夫的第一个“伪因果关系”就提出了一种解释的可能性：这是个偶然事件。

偶然和相关性是如何一起发挥作用的，我们在那只长着八条腿的神算子的故事中就可以看出来。2010 年，章鱼保罗曾成功预测了 8 场世界杯比赛的结果。赛前，工作人员事先准备好两个装有章鱼食物的玻璃箱，箱子外面分别贴着对战双方的国旗，而保罗每一次都能用它的触手，从贴有最终获胜方国旗的箱子中钩出食物。每回它即将开始做预测的时候，总是有无数的记者在等待着它的选择。2010 年世界杯决赛是荷兰对阵西班牙，而之前保罗也准确地预言了荷兰的失利。于是，这只章鱼的名气迅速地传播了开来：它被西班牙小镇奥卡瓦利尼奥授予“荣誉市民”的称号，成了英格兰申办 2018 年世界杯的形象大使，还被伊朗总统马哈茂德 · 艾哈迈迪 – 内贾德称为“西

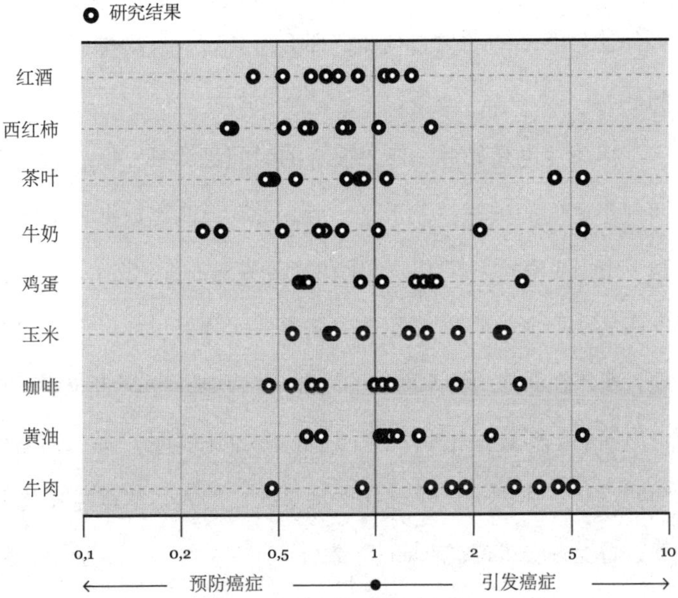

癌症与不同饮食之间的联系

资料来源：舍恩菲尔德和约安尼季斯（2013 年）

方世界里一切错误的象征”。

但是，如果保罗只是运气好呢？它碰巧能预测正确 8 场足球比赛的概率，和你抛 8 次硬币，每一次都是人头那一面朝上的概率是一样的，也就是 256 分之一，约为 0.4%。这个概率固然很小，但和你中荷兰国家彩票的概率相比（大概为 440 万分之一），已经是后者的 20000 倍了。

另外，若你了解到还有哪些动物也参与了这场世界杯占卜大赛，保罗的事迹就显得没那么与众不同了。比如豪猪莱昂、倭河马佩蒂、狨猴安东，这些动物都曾预测了世界杯的比赛结果，只是没有它们的同事保罗那么好的运气罢了。如果你让足够多的动物去预测，那么总会有一只动物能全都预测准。

相关性也是如此。如果搜寻的时间足够长，你总能找到两件事之间的关联。关于这一点，没有人能比数据分析师泰勒·维根更有发言权了。他因在其网站 Spurious Correlations 上发布各类听上去非常疯狂的关联事件而闻名世界。例如他发现，每年在泳池中溺水而亡的人数，与美国演员尼古拉斯·凯奇出演的电影数量几乎一样。还有，人们在奶酪产品上的逐年消费趋势，和因被床单缠住而窒息死亡的人数的逐年变化趋势，看上去居然有着恐怖的一致性。

当然，上述这些关联很明显都是在胡扯，听起来格外搞笑。不过，健康研究之中的相关性也有可能是偶然造成的，这一点可就不那么让人笑得出来了。

漫画家兰道尔·门罗的网络漫画《xkcd》中曾出现过这样的主题。在第一张漫画中，一个扎着马尾辫的人跑过来和另外一个人说："吃果冻豆会长痤疮！"第二张漫画画的是两位科学家，其中一位戴着护目镜，另一位手里拿着一张纸，而漫画上方写着他们的研究成果：果冻豆和痤疮之间没有联系。在下一张图中马尾辫小人回应科学家："似乎只有某些特定颜色的果冻豆才会引发痤疮。"接着，科学家们重新开始了研究，最终得出的结论是痤疮和紫色的果冻豆之间不存在关联，并且，科学家们还表示，痤疮和褐色、粉色、蓝色、青绿色、鲑鱼粉色、红色、绿松石色、洋红色、黄色、灰色、浅棕色、淡紫色、米色、丁香色、黑色、浅橘色和橙色的果冻豆之间也没有联系。他们只发现了一种颜色的果冻豆和痤疮有关。于是，在最后一张漫画中，一份报纸的头版头条是这么写的：吃绿色的果冻豆会引发痤疮！

在第三章中，我们已经讨论过样本规模过小的问题，而该漫画还展示了另外两个在科学上经常出现的问题，第一个便是"出版偏见"。就如同果冻豆的例子一样，人们通常只会注意到那些结论为"发现了关联"的研究。因为在许多研究领域中流行着这样一句话：没有关联，就没有兴趣。这句话不仅适用于一些需要通过媒体进行的研究，也适用于那些要在学术期刊上发表成果的研究。正因如此，许多结论为“无关联”的研究被锁入了抽屉，长期无人问津，而这也造成了科学论文领域中一种扭曲的风气。因为研究人员希望在期刊上发表论文，所以他们就得想方设法地从数据中找到事物之间某种确切的关联。这句话乍听上去并没有错，然而就像果冻豆漫画中所示，如果你搜寻的时间足够长，你总会找出来一些东西。

《xkcd》第一页上写有这样一句话：“出现偶然事件的概率只有 5%！”他所说的 5%，指的就是所谓“p 值”。人们用这个数值来衡量研究结果是否存在出现偶然事件的可能性。著名的统计学家罗纳德·费希尔在 20 世纪时引入了 p 值的概念，用作衡量事物之间的联系是否显著的一种方法。

设想一下，如果你要去研究绿色的果冻豆和痤疮之间是否存在因果关系，就像阿奇·科克伦在第一章中所做的那样，你可以通过一个试验探寻这个问题的答案：把参与试验的人分为两组，你让第一组的人在一个月内每天都吃绿色的果冻豆，而第二组人每天吃一片绿色的安慰剂[1]。试验结束后，服用安慰剂的小组中有 10% 的人患上了痤疮，而吃绿色果冻豆的那组人中有更多的人得了痤疮。不过，这当然也可能只是个偶然事件。

[1] 安慰剂：是指没有药物治疗作用的药片、药丸和针剂，其对长期服用某种药物引起不良后果的人具有替代和安慰作用。

如果一整组的试验对象都长了痤疮，那这自然就基本排除了偶然的可能性。但是，若这个数字只有90%的话，够不够达到排除可能性的标准？再低一点，50%够吗？这就需要人们在某处划一条界线。倘若果冻豆实际上根本不会引发痤疮，但在吃果冻豆的试验组中，人们却依旧发现了一定比例且比例还不低的痤疮患者，p值代表的就是出现上述这种情况的概率。如果该概率的数值低于事先商定的临界值（通常为5%），这就表示在试验中发现痤疮患者的可能性非常小。那么，关于果冻豆和痤疮之间的关联，我们就可以称其具有“统计显著性”。

但要注意的是，这仍然表示果冻豆并不会引发痤疮。因为当p值等于5%时，那就表示人们依旧能在5%的研究里发现极端的结果。中彩票的概率诚然十分低，可还是会有中奖的人啊。

现在我们来说说第二个在科学上经常出现的数字问题：很长一段时间以来，在许多社会科学领域，人们单单只关注p值这一个数据。科学期刊更喜欢刊登那些有显著成果的研究论文，而对大多数的研究人员来说，“要么发文章，要么滚蛋”——你必须发表过足量的论文，不然就别在科研圈子里混了。正是这个原因，大家都近乎疯狂地渴望能在研究中获得一个足够低的p值。这种行为就叫作“p值操纵”。

前康奈尔大学教授布莱恩·万辛克就是一位操纵p值的高

手。他曾做过一项令他声名大噪的研究，其结果表明，如果人们用芝麻街的卡通贴纸装饰苹果，小朋友们就会更愿意选择苹果而放弃甜食和饼干。万辛克的研究结论被《纽约时报》等各大媒体广泛报道。在小布什执政期间，他还在美国农业部营养中心担任主任一职。

2017 年，有人爆料万辛克此前发表的研究实际上漏洞百出，他和他的同事之间往来的电子邮件也被人泄露。从邮件中我们可以直观地了解到，他们到底是如何进行研究工作的。有一回，万辛克的一位研究员下属发邮件给他，说她刚刚分析了从一家自助餐厅那儿采集来的数据，却一无所获。万辛克回复："我认为，我做过的任何一项有趣的研究里，没有哪一项是马上就能看到结论的。"他为他的同事出了个主意："尽可能地把数据分成几个小组，再分析看看哪一组里，我们假设的关联是成立的。"换句话说就是，检查所有的果冻豆，直至找出那个与痤疮相关的颜色为止。

如此一来，舍恩菲尔德和约安尼季斯发现人们吃的许多食物都与癌症相关，这也就没什么好奇怪的了。由于存在出版偏见，那些未发现关联的研究就永远无法在期刊上发表。而研究人员能够长时间地操纵 p 值，直至他们碰巧能找到一种 p 值足够低的关联。即便这种关联只产生过一次阳性结果而其余结果均为阴性，那也没有什么关系，只要关联具有统计显著性就行。

2. 缺少了一个因素

阿奇·科克伦从德国人那儿拿到足量的酵母粉之后，战俘营中水肿患者的人数便迅速下降了。但是，我们依然不能百分之百地确定酵母是患者数量减少的原因。因为当科克伦穿着那条卡其色百慕大短裤、露着水肿的双膝去向德国人申请援助时，他不仅请求给病患“立即服用大量的酵母粉”，还希望能“尽快地提高营内的伙食水平”，并且这两个请求都被允准了。酵母粉很快就被送来了。几天以后，战俘们分到的食物也增多了，每天大约能有 800 卡路里的供给。所以让水肿患者的人数减少的原因到底是什么呢？这也有可能是由于他们的饮食变丰富了。

另外还有一件事。如第三章中所述，由于酵母试验的规模太小，科克伦将其称为他做过的最成功也是最糟糕的试验。另外，他还给出了另一个原因：该试验验证的是一个错误的假设。科克伦之前认为，脚气病是导致战俘们脚踝和膝盖水肿的原因。这也就是为什么他选择了富含维生素 B 的酵母作为变量进行试验。然而，科克伦在自传中却写道：“最有可能导致战俘们水肿的原因应是饥饿，而并非脚气病。”如果是这种情况，那么解决的方案就不是维生素 B 了，而是更多的食物。不过，为什么患者还是在他的酵母试验中被治好了水肿呢？科克伦写道：“这个问题的答案是一个‘谜’。”但他怀疑这和酵母中所含的蛋白质有关。

现在我们就要提到第二种“伪因果关系”了：两件事物之间还缺少一个因素，这个因素既可以左右“起因”，又能对“结果”造成影响。这正是我们在科克伦的故事中所看到的。战俘们食用了酵母，获取了更多的维生素 B（“起因”），也减轻了他们的水肿症状（“结果”）。但这并不意味着缺乏维生素 B 是引起水肿的原因。就如同哈夫所举的鹳鸟与婴儿的例子一样，在鹳鸟的故事中，第三个因素是房子屋顶的大小；而在科克伦的试验中，则是额外的食物供给。

再举一个例子。哈夫在他的书中讲述了一项探寻吸烟和学习成绩之间关系的研究。研究结果显示，吸烟学生的成绩比未吸烟的差。那么，学生们就必须因此戒烟吗？哈夫认为这个观点毫无意义。因为这其中可能还存在别的因素，这个因素能同时影响到一个人的学习成绩以及他吞云吐雾这件事。比如在小混混之中，抽烟的行为本就十分普遍。这些人成日里在社会上游手好闲，自然不愿意把时间花在学习上。又或许，这种差异是由学生的性格是外向还是内向造成的？哈夫写道：“问题的关键在于，如果一件事存在许多种合理的解释，那么我们就无权按照自己的喜好只挑出其中的一种，并坚持认为只有这种解释才正确。”

同样的错误在 2015 年荷兰一项对 37000 多名乳腺癌患者的研究中也出现过。当时的新闻稿是这么写的：“研究人员得出的结论是，选择乳房保留手术的女性患者会比选择乳房切除手术的女性患者寿命更长。”这项研究受到了多家媒体的关注。一时之间，一个个由那些曾做过乳房切除手术的女性患者提出的问题像潮水般涌向了荷兰乳腺癌协会。乳房切除手术是不是一个错误的选择？这些人还应不应该继续接受化疗？没过多久，许多家医院的网页上均发布了一则则安抚这些患者的声明。而该研究的作者后来强调说，他们的确未发现其中存在因果关系。

因为在这件事情上，还有许多别的因素在起作用，这些因素不仅与某种治疗方式的选择有关（“起因”），也和存活率相关（“结果”）。倘若乳腺癌患者同时还患有另一种严重的疾病，比如心力衰竭，患者则会更普遍地选择乳房切除手术。因为乳房保留手术搭配的放射性疗法对于一个本就十分孱弱的人来说，实在太过猛烈。那么在这种情况下，选择乳房切除手术的乳腺癌患者死亡率偏高就与手术本身无关，而和患者自身较差的身体状况相关。

3. 关联（也可能）是反着的

哈夫所提到的第三种，也是最后一种“伪因果关系”：关联是反着的。下雨的时候，你能看见街上有许多人带着伞。那我们能说，是雨伞导致了下雨吗？当然不是。是因为下雨人们才都带着雨伞。

但是哈夫表示，一件事情的起因和结果并不总是那么清晰。倘若一位有钱人持有很多股票，那么他是由于这些股票变得有钱吗？还是因为他很有钱所以购入了许多股票？两种说法都是成立的，而因果关系甚至可以两头都说得通：一个人很有钱—他去买股票—变得更富有—购进更多股票，等等。

“肥胖悖论”正是如此。在一项研究中人们发现，超重者有时比“正常”体重的人死亡率更低。这听上去很令人诧异吧，毕竟我们常常听到的言论都是说超重不健康。而研究人员的结论是，超重会对人体起到一种保护的作用，使人的寿命变得更长。

但是，这儿有一个重要的事实却被忽略了。当你生病的时候，你的体重会下降。所以，体重下降并不一定是导致人不健康的原因，也有可能是结果。该结论在 2015 年的一项研究中被证实，并对体重下降这方面的论述进行了修正。

因此请大家记住，相关性并不自动意味着因果关系，因为其中可能存在偶然事件（“伪因果关系”1）、缺少某个因素（“伪因果关系”2），或者关联是反着的（“伪因果关系”3）。

那么，我们要怎样才能知道两件事物之间存在因果关系呢？更具体地说，我们该如何得知吸烟会导致肺癌呢？

如果人人都忽然开始担心培根

2015 年的秋天，有关加工肉制品（例如香肠和培根）的新闻引起了大量荷兰民众的关注。NOS电视台的新闻是这么报道的："每天食用加工肉制品的人，他们患结肠癌的风险比普通人高出将近20倍。"紧接着，许多其他媒体也注意到了这则新闻。或许，正如阿尔杰·卢巴赫在他的讽刺脱口秀《卢巴赫周日秀》中所说的那样："在一场名为'如何使这条新闻中的致癌性显得更高一些'的游戏里，我们每个人都贡献了自己的一份力量。"以荷兰免费的*Metro*报纸为例，他们的标题就变成了《培根和吸烟一样有致癌性》。到了第二天你再翻开一份报纸，新闻标题就会变成《我们还能不能在不致死的情况下好好吃饭？》（你要是能做到这一点，那可绝对是全球第一人，卢巴赫如此说道）。

其实在NOS的新闻中，事实就已经被夸大了，所谓"将近20倍"实际应是"大约20%"。然而，就算媒体用了正确的数据，他们依旧是制造恐慌大军中的一员。不用太大惊小怪，因为即便只是增长了20%，就已经看上去足够震撼了。

但是，许多新闻中都少了一个重要的细节：到底是占什么的20%？如果你去翻看数据，其显示的是每100名荷兰人中就有6人患结肠癌。而按照世界卫生组织的说法，如果你停止食用加工肉制品，那么这个百分比将降低18%，这就是"大约20%"的出处，也就是从每100人中有6人下降至5人而已。

人们经常在与健康有关的新闻中看到此类报道，里面只提及了相对风险（大约20%），却只字不提在绝对值（1%）中到底是多少。

希特勒挽救数百万烟民？

关于吸烟与肺癌的研究是如何开始的呢？1953 年，温德和他同事做的那个给小白鼠脊背刷焦油的实验，着实让烟草制造商们吓出一身冷汗。但是，关于吸烟危害健康的科学研究其实很早就有了。早在 1898 年，德国人赫尔曼·罗特曼就吸烟与肺癌之间可能存在的关联写过一篇文章。到了 1930 年，德国医生弗里茨·利金特首次发表了这两者间关联的统计证据。同样在 20 世纪 30 年代，阿根廷医生安格尔·罗福第一次进行了有关吸烟与肺癌的动物实验，他采用的实验方法是将焦油涂抹在兔子的耳朵上。当时，人们通过显微镜看到的是一幅令人恶心的图片：一只毛色油亮的小棕兔的耳朵上，四处散布着和覆盆子一样颜色的肿瘤块。罗福曾发表过上百篇有关吸烟和肺癌的文章，主要是在德国的学术杂志上。

早期这些关于吸烟造成的后果的研究均与德国紧密相关，这一点并非偶然。德国在 20 世纪 30 年代是全世界医学领域最发达的国家。此外，在 20 世纪，再也没有一位领袖能像阿道夫·希特勒那般反对吸烟了。他甚至声称，如果自己 1919 年无法成功戒烟，那么纳粹主义就永远不可能胜利。人类的身体只能由元首掌控，而不是香烟。所以，香烟和犹太人一样都是对人类的威胁，我们必须将其拒之门外。

1939 年，德国研究员利金特出版了一本名为《烟草与生物》的书。该书厚达 1200 页，里面总结了 7000 多项有关吸烟的研究成果。它和其他的元研究（对研究进行研究）一起使专家们达成了一项共识，即大多数的德国医生和官员在 20 世纪 40 年代初期均同意一个观点：吸烟是有害的。

然而，告诉我们吸烟会导致肺癌的并不是德国人的研究。1953 年，美国人温德和他同事在小白鼠身上做的实验一经发表，他们便被视为这个研究领域的先驱者。1952 年，由英国人理查德·多尔和奥斯汀·布拉德福德·希尔做的研究也被认为具有革命性。时至今日，这几位盎格鲁－撒克逊裔的科学家依旧被看作吸烟研究领域的奠基人。不过，虽然他们的研究手段可能更先进，但德国人至少比他们领先了十年。

然而“二战”之后，德国人的科研意识便没有从前那么强了。虽然有许多德国科学家都在战争中幸存了下来，但更重要的一点是，他们做健康研究的水平却大不如前了。

这说明了什么呢？科学进步并非总是一成不变。就算现在取得了一定的进展，过了几年有可能就倒退回原点。讽刺的是，希特勒这个史上著名的大屠杀者之一，本可以通过禁烟的宣传，挽救数百万烟民的生命。

但是，德国人健康研究上的一蹶不振，并不是造成吸烟和肺癌之间的关联被隐藏了如此之久的唯一原因。

最狡猾的营销

在美国堪萨斯城的一所中学里，所有的学生都聚集到了一起，听一位身穿条纹衬衫、脚踩白皮鞋的年轻男子讲话。他是代表烟草业来这儿传达一个简单的信息的——未成年人不宜吸烟。吸烟就像性爱、酗酒和开车，是大人做的事情。它并不应该在青少年的考虑范围之内。

这看上去是个善意的故事，但这样一来，假如这些学生现在想去尝试一些新鲜事物，他们第一个想到的就会是香烟。正是那些不允许做的、只限于成年人才能做的事情，才对青少年诱惑最大。

数年后，这所中学里的一名学生罗伯特·普罗克特在他所著的《黄金大屠杀》一书中，写下了那一次集会的内容。他说，那位年轻男子用的正是一种狡猾的营销手段的其中一环，目的就是让未成年人迈出吸烟的第一步。

彼时，普罗克特已经成了一名历史学家，而他将自己的目光锁定在了烟草行业里数百万份秘密文件上。其中，他发现了一系列的可疑行径，而未成年人正是被这样一步一步地刻意引导着，最终加入了烟民的行列。这些“预备烟民”“明日香烟生意的客户”或者“烟民替代品”得补上那些被迫停止吸烟的烟民留下的空位（何为被迫停止吸烟？因为这些人都死了）。2000 年，仅菲莫一家公司就向美国学校寄了 1300 万份的书皮。学生们把这些上面画着炫酷的滑雪板、写着“好好想一想。不要吸烟”的书皮包在教材的外面，并且，烟草品牌不仅能通过学校接触学生，还可以通过他们的父母与学生产生联系。那些分发给学生父母的教育传单上，尤其鼓励父母和孩子探讨一下吸烟的危害性。

这种营销手段自然没有海报或广告那么惹眼，不过烟草业也没少在海报或广告上下功夫。香烟广告里使用的一般都是较为温和的口号（例如“我宁愿为骆驼牌香烟行一英里路”），再搭配一位强壮有力的壮汉模特（例如“万宝路男人”）。香烟是第一个拥有路边广告牌的商品，也是第一个能同时在好莱坞电影和超市结账柜台附近都出现的商品。

然而，正是那些不引人注目又狡猾的营销手段才让烟草公司与其他行业的公司真正区分开来。历史学家普罗克特就曾在一些隐秘的备忘录和其他文件中发现，多年以来，香烟究竟是如何变得让人越来越容易上瘾：比如制造商在香烟中加入甘草，使烟味变甜；或加入一些氨，从而使尼古丁更具有成瘾性。他还看到烟草业正在不断地拓宽顾客群体的范围，例如妇女和学生，等等。

1953 年，由烟草业大亨们在橡树屋餐厅中一手炮制出来的营销手段，可能是最狡猾的一种。自此以后，数以百万的人掉入了他们的陷阱。一个烟草业著名品牌的营销总监约翰·布加德曾在一份（当然是机密的）文件中，对这种营销手段有一句非常到位的描述："怀疑就是我们的产品。"

烟草业巨头们的目的并不是要证明吸烟有利于健康，他们只需要让人们对吸烟的后果犹豫不决就够了。自从橡树屋餐厅的讨论会之后，烟草行业研究委员会（后来更名为烟草研究理事会）尽一切可能在有关吸烟的科学研究中混淆大众的视听。根据烟草业与美国 47 个州检察长之间的法律协议，该委员会直到 1998 年才被废除。当时，烟草业已经在健康研究中投入了数亿美元。

烟草行业研究委员会对外宣称，自己的经费是用来支持有关"烟草和健康"的研究的。但实际上，这些钱的用途却很少与之真正相关。历史学家普罗克特这么写道："他们真实的目的是寻找一种方法，能让人们在研究中得不出来任何结论。然后再告诉外界，他们在有关'吸烟和健康'的研究上投入了数百万美元，却从未找到任何能证明吸烟有害健康的凭据。"普罗克特曾在数百篇新闻稿中，发现了一句科学论文里经常出现的话："需要更多的研究来证实。"或者，正如其中某个烟草品牌所认为的："研究必须一直一直地进行下去。"

这样一来，烟草业不仅可以向民众展示其对待科学的严肃认真，他们还通过给予诸如斯坦福大学、哈佛大学等名校进行科学研究资助，来获取一个良好的社会形象。同时，烟草业内还建立起一支稳定的专家团队，其中的科学家们可以撰写对行业有利的文章。必要的时候，专家们还可以到法庭上为其做证。

现在我们再回过头来说一说哈夫。尽管他并不是一位科学家，但这位《统计数字会说谎》的作者恰好具备了烟草业的专家团队需要的能力。毕竟谁还能比这本书的作者更懂得如何运用数字巧言善辩呢?

1965 年 3 月 22 日，哈夫在美国国会的一场有关香烟广告及包装的听证会上发言。他认为，吸烟和不健康这二者之间的相关性不应与因果关系混为一谈。

如果你一生都保持一个年龄

在第一章中，弗洛伦斯·南丁格尔用图表说服了政府。然而，图表也可以被用来当作迷惑世人的工具。1979 年，由烟草业资助的烟草研究所对外发布了一张图表，显示的是不同类型癌症的发展轨迹。之前就曾有科学研究表明，多年来，烟民占人口的比例和癌症患者的数量一样，均有所增加。

所以，这张图表必须得向外界表明，情况并不一定如此。图表中显示的是口腔和咽喉癌、膀胱癌以及食道癌的患者人数。它看起来非常凌乱，因此很难说癌症患者的数量一直在上

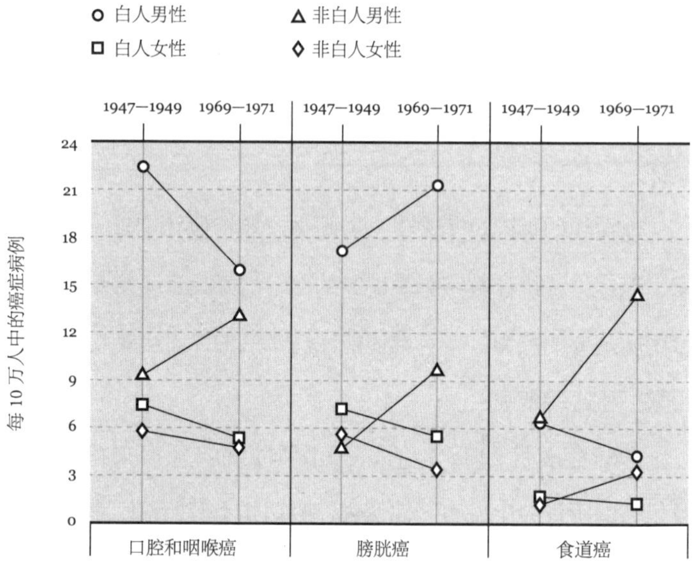

1947—1949 年和 1969—1971 年的癌症病例

注：该图由烟草研究所于 1979 年对外发布。

资料来源：普罗克特（2011），图片 29

升。但是这张图表中似乎缺少了点什么。对，缺的正是吸烟导致的主要后果：肺癌。

不是只有烟草业会用图表迷惑民众。2015 年 12 月 14 日，美国保守派杂志《国家评论》曾在其推特上发文："人们唯一需要看的一张气候变化图表。"随文附上的图表显示的是自 1880 年以来的全球气温。看出什么了吗？在过去的 135 年里，全世界的年平均温度几乎毫无变化，温度曲线就和死亡患者的心电图曲线一样平坦。

看到这张图表，我的本能反应是这数据肯定是哪里弄错了，因为无数人的测量结果均表明全球温度在上升。这一定是《国家评论》自己杜撰出来的数据。但我错了，这份数据不但正确，而且它源于一个十分可靠的机构：美国国家航空航天局（NASA）。

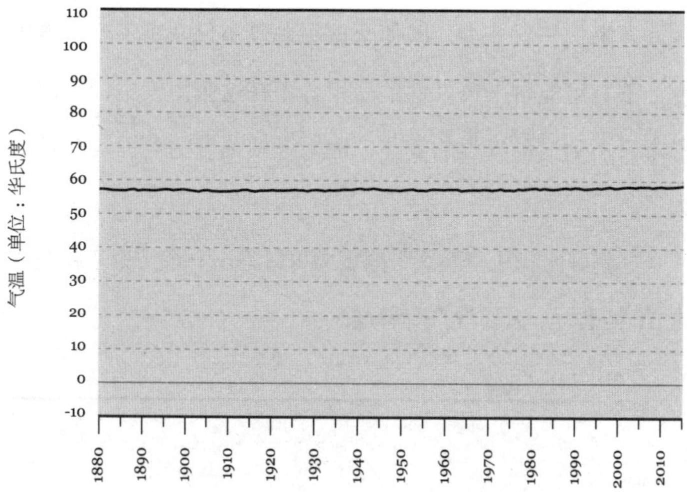

1880—2015 年全球的年平均气温

资料来源：《国家评论》2015 年 12 月 14 日的推文

让我们再看一下这张图表，标题写得很清楚，两条轴上也分别标注了温度和年份——我们在学校里学到的、关于一张图表所需要的任何要素，这张图表都具备了。横轴上的时间区间（1880 年至 2015 年）看上去能很好地反映出一个长期的变化；纵轴上的温度刻度是从-10 至 110 华氏度（相当于-23 摄氏度至 43 摄氏度），似乎也没有什么问题。虽然世界上有些地方可能会特别寒冷（比如西伯利亚）或者非常炎热（比如拉斯维加斯），但在图表中并没有出现这种极端的气温。

然而，错误其实就出在纵轴上。因为这张图表并不是表示某个地点在某一时刻的气温，而是全球各地的平均气温。这也就是说，哪怕十分之一摄氏度都算是一个巨大的差异。气候专家们一致认为，即便全球平均气温只升高不到 2 摄氏度，都有可能带来灾难性的后果。而在这张图表中，人们却根本看不到这种气温的变化，因为纵轴刻度的范围实在是太大了。

这就好比我从下面这张图表中可以得出一个结论：我在过去 31 年里，一天都没有变老过。

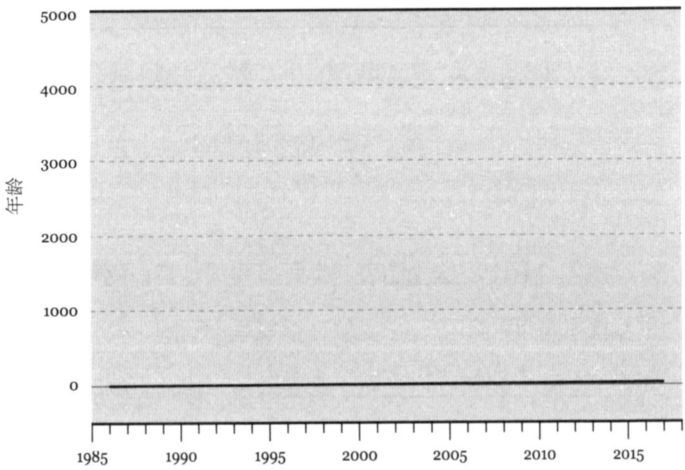

我几乎没有变老过

而倘若我们把表示平均气温的那张图表的纵轴刻度改一下，则会得到一张完全不一样的图表。

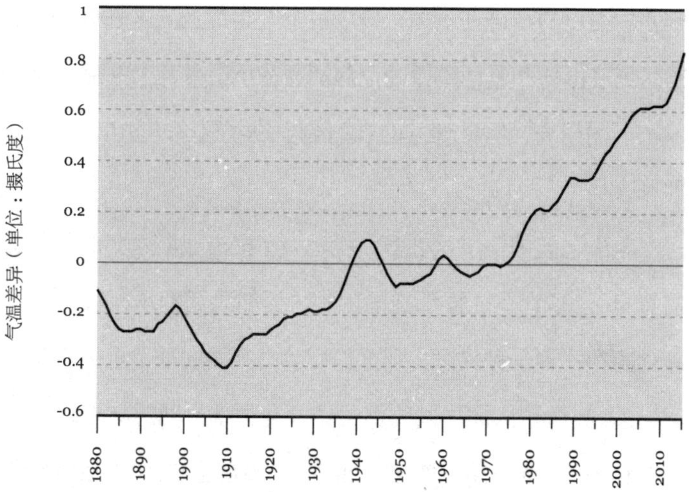

1880—2015 年的气温变化

注：该图显示的是以摄氏度为单位，每年全球的平均气温与 1951 年至 1980 年的全球平均气温之间的差异。这种测量方法也被称为“异值检测”，它是气候科学中用来表示温度变化的一个标准。与《国家评论》推特上发的那张图相比，这张图表修改了两处地方：纵轴的刻度范围以及气温的单位。如果仅仅调整了纵轴的刻度范围并仍然使用华氏度作为单位，得出的结论依旧保持不变。

资料来源：美国国家航空航天局（NASA）

偶然事件、因素缺失和反向关联

哈夫在国会上的讲话和他出版的书一样，均引起了巨大的轰动。在发言的结尾，哈夫一条一条地讲述了自己对吸烟研究的异议。首先，他暗示当下记录癌症数目的方法已经改变，而这导致了肺癌患者数量的大幅增加；其次，研究实验中采用的样本并不具有代表性，有时候样本的规模还太小；此外，动物实验中得出的结论并不能直接应用于人类身上。当时哈夫一定是想到了温德和其同事做的把焦油刷在小白鼠背上的那一项影响甚广的研究，因此他才会在国会上说了这么一句话："老鼠并非人类。"

哈夫之前铺垫了这么多，就是为了提出他最主要的一条反对意见："尽管有这样那样的困难，但如果我们承认吸烟和健康之间存在着一种关联，那么最后就必须要问一个至关重要的问题。"吸烟和癌症之间的相关性，是否就自动意味着二者之间存在的是因果关系呢？哈夫说道，"不是这样的"，接着他便说起了鹳鸟和婴儿的故事。

哈夫随即列举了自己书中提到的三种"伪因果关系"。在国会发言的开头部分，他就已经说过，既然吸烟的人和不吸烟的人在癌症病例数上的差异有可能具有"统计显著性"，那么也有可能只是个偶然事件。哈夫甚至还暗示说，这二者之间的关联性还有可能是相反的。他说："如果从耶鲁大学毕业的学生赚的钱比我们大多数人都多，那是因为他们是从耶鲁毕业的吗？还是因为通常来说，耶鲁大学录取的都是来自富裕家庭的孩子？"

哈夫并非第一个指出吸烟与肺癌之间可能存在反向关联的

人。之前，将 p 值的概念推广到全世界的统计学家罗纳德·费希尔就已经提出了这种可能性。1959 年，他在自己随身携带的小册子上曾这么写道："肺癌有没有可能会是人们抽烟的原因之一呢？"甚至在人们发现自己得病之前，患者就已经有了轻度的肺部感染。就像人们遇到事情了会去抽根烟一样，遇到火车延误或一个令人烦心的会议，人们也有可能因为肺部不适而去抽烟。费希尔解释："对于那些看不起病的穷人而言，把香烟从他们手中拿走就和取走盲人的导盲棒一样。"

但是，费希尔这位抽烟斗的狂热爱好者，最终发现了另外一个更能说得通的解释：缺少了一个因素。他一直坚信，基因可以解释人与人之间几乎所有的差异。费希尔说："如果你身上有某种基因，那么你吸烟的可能性就比他人更大一些。"

哈夫在国会的发言中并没有提及基因，不过他也认为，吸烟的人和不吸烟的人是不一样的。烟民常常超重，还比不吸烟的人喝更多的啤酒、威士忌和咖啡，并且，他们结婚、去医院看病和换工作的频率也更高。但人们不能只看到其中某一方面的差异，而忽略其他方面。

我们何时才能彻底了解真相？

那么，到底什么才是真相呢？在第二章中我们提到了标准化进程中所有的细微差别，第三章说了数据采集时人们犯的错，而在本章中我们谈论的是那些具有欺骗性且错误的数据分析。但这份与吸烟有关的数据，若是除去上述这些之外，还剩下什么呢？还是说，我们最好就不要理会它，就像《广告狂人》[1]里的老板们那般，无时无刻地吞云吐雾就好了？反正我们也不知道吸烟到底能对人产生怎样的影响。

哈夫和费希尔的理论均是基于三种“伪因果关系”的，即吸烟和肺癌这二者之间确实存在关联，但是这种关联并不一定是因果关系。如果做过乳房切除手术和未切除乳房的女患者她们的身体状况本就不同，那么为什么这个逻辑放到吸烟者和不吸烟者身上就不可以呢？我们如何得知关于吸烟和肺癌的研究是否有遭受过出版偏见，也就是说，实际上还有很多未发现二者之间存在关联的研究没有被公之于世？费希尔提出的反向关联既然能够解释“肥胖悖论”，那么在吸烟和肺癌的问题上是否也有可能成立呢？

这就是烟草业的高明之处：他们提出的论据在其他研究中都是成立的。当然，一项研究的结果有可能只是个偶然事件。即便不是这种情况，也依旧存在漏算其他因素的可能。所以，费希尔在他随身携带的小册子中写道，只有一种方法能将这些

---

[1] 《广告狂人》(*Mad Man*)：是一部美国制作的历史剧，于 2007 年 7 月 19 日首播于美国 AMC 电视频道。该剧主要讲述一家广告公司的创意总监兼创始合伙人唐·德雷柏的工作与生活，以及周边的人与事，同时也涉及美国 20 世纪 60 年代的社会风貌以及社会变迁。

可替代的解释全都排除，那就是做一个试验。然而他很清楚，倘若吸烟真的可能危害健康，那么不管是医学界还是公众都会认为，为了试验而让他人去吸烟是不道德的。而哈夫的论据正是抓住了这一点："老鼠并非人类。"

就这样，哈夫和费希尔联手织出了一张谁都无法逃脱的大网。由于这些论据的存在，人们在研究中根本不可能得到任何有结论性的结果。而烟草业希望的，恰恰就是这种好似一条无穷无尽的隧道般的讨论，他们可以不断地呼吁更多研究，但却永远不必得出一个结论。

这就是目前科学上面临的一个巨大的挑战：解除两件事物之间的因果关系很容易，而要证明它却非常困难。那我们该如何得知吸烟会导致肺癌呢？其实，哈夫和费希尔二人的论据成立的前提，是将各个研究分开来看。而任何一项研究，就算进行得再好，要想仅仅靠它来证明一些什么也依旧不够。因为每一项研究都是在某个特定的时间点，对某个国家内的某个特定群组进行的。因此，人们可以永远说某项研究结果的产生是一个偶然事件。这也就是为什么我们常常在报纸上读到的"一项新的科学研究已经证实了某事"，其实是一种很有问题的表述。同样，在选举过程中只进行一次民意调查也是不明智的。

不过，科学并不是单个的研究，而是所有各类研究的集合。当 1965 年哈夫在美国国会听证会上接受问询时，有关吸烟与健康的研究已经数不胜数了。1939年的那本总结了该研究领域许多成果的著作《烟草与生物》可能早已无人问津，而该如何提出证据支持反对香烟的观点，反倒成了人们关注的焦点。

之前，人们已经通过各种方式证明了吸烟有害健康。流行病学的研究表明，吸烟的人更容易患上肺癌；动物被刷了焦油后长出了肿瘤；病理学家们发现，吸烟会对细胞层面造成不良的后果；还有研究结果显示，香烟烟雾中含有致癌的化学物质。以上所有这些研究都做过重复实验，每一回都依旧得到同样的结果。例如，1952年，来自日本、美国、加拿大和法国的研究人员在英国人多尔和布拉德福德·希尔发表研究结果后几年，又将该研究的实验重复进行了多次，结果始终都证明肺癌患者是经常吸烟的人。

某些时候，哪怕有一项研究得出了个相反的结果，强而有力的证据仍能使原结论成立。这一点我们在有关气候变化的研究中就可以看到。全球气候变暖并不能仅凭某一年的暖冬下结论，而要通过对珊瑚礁、冰川、二氧化碳排放量以及温度的升高等进行无数次的研究才能证明。与吸烟的研究一样，每一次关于全球气候变暖的研究也均能得出相同的结论。那些具有不同背景、盲点和兴趣的研究人员采用不一样的测量、采集和分析数据的方式，最后依旧得出相同的结论。而假如某项研究的证据真的能得出一边倒的结论，那就应该将其称作一项“科学共识”。

不过，科学共识并不意味着所有的科学家都同意这个结论，也并不代表所有的研究都得出了一样的结论。在科学领域，没有什么是完完全全确定的东西，因为怀疑是科学的核心。几个世纪以来，人类的知识范畴之所以一直在扩大，正是因为科学家们有胆量去质疑他们所处时代的各种教条。尼古拉·哥白尼敢于说地球是绕着太阳转的，阿尔伯特·爱因斯坦勇于质疑艾萨克·牛顿的理论，还有阿奇·科克伦那敢于和战俘营军医谈判的孤勇。

然而，烟草业为了自身的利益，正是利用了科学的核心价值——怀疑。他们这么做并不是想更接近真相，而是要让民众尽可能地远离真相。之前，帮助我们接近真相的是科学家们，但在 20 世纪 50 年代末，也是科学家们总结：民众已经知道得够多了。

长期以来，烟草业一直否认香烟和肺癌有关。直到 1994 年，七大香烟品牌的老板们都还依旧声称他们不相信这种关联的存在。甚至在 1998 年，菲莫公司的董事长还曾发誓称："我不信吸烟会致癌。"

不过，在烟草业内部这就是另一番故事了。早在 1953 年，也就是那项小白鼠实验的 9 个月以前，香烟制造商雷诺烟草公司的一位职员克劳德·蒂格曾写过一篇概述，关于现存有关吸烟的科学研究。他的这篇文章本可以作为一项对烟草业不利的诉讼证据上呈法官，表示香烟制造商们其实早就清楚吸烟的危害性。但是蒂格的概述直到 20 世纪 90 年代才渐渐浮出水面，因为它正如你所猜想的那样：从未被发表过。

如何用吸烟研究的统计数据说谎

烟草业一直在持续资助着科学研究领域。例如，2017 年菲莫公司曾宣布，每年将向一个名为“无烟世界”的基金会捐资 8000 万美元。此举引发了世界卫生组织的强烈反应，很显然，烟草业和公共卫生之间存在根本的利益冲突。

同时，除了烟草业以外，怀疑也成了其他行业的一把利器，用来对抗那些经科学证实过的关联性。内奥米·奥利斯克斯和埃里克·康韦在他们所著的《贩卖怀疑的商人》一书中就指出，相同的伎俩也曾被人们用来否认气候变化。比如，大家都知道乳脂对人体健康有害，但国际乳品业就资助了许多对这项共识提出质疑的研究。

在新兴产业也采取相同的策略来保护自己的利益之前，这一切就只是时间问题罢了。或许继烟草巨头和石油大亨之后，下一个就该轮到科技巨头公司去把那些研究智能手机和互联网的负面影响的文章给“藏”起来了。美国政府高级官员就常常以“可靠科学”[1] 为幌子，作为他们拒绝接受气候变化的理由。

---

[1] 可靠科学（sound science）：这个词有两层含义：当使用在科学家身上时，其表示被众多同行审核通过后的、正确的科学研究；当使用在政治家身上时，其表示意识形态上“可靠”的科学研究，即由行业资助的、用来获取或维护行业自身利益的伪科学。

而“可靠科学”这个词从何而来？正是从烟草业那儿来的。

为什么哈夫和费希尔没能更深入地了解吸烟的危害性呢？为什么他们还继续怀疑有关吸烟和肺癌的研究？或许是哈夫太习惯于质疑科学研究了，以至于真遇到了一个正确的研究，他依然会下意识地去否定它。或许本就特别喜欢抽烟斗的统计学家费希尔，在批评有关烟草的研究时，听从了自己直觉的指引吧。

但是，对于这两个问题，还有另一种可能性更大的解释。据费希尔的同事戴维·道贝透露，费希尔在去世前不久，曾向他解释自己为什么要“捍卫”烟草行业：“为了钱。”哈夫也曾收过烟草业的钱。他甚至还被委托撰写了一本永远不会被出版的书，书名叫《如何用吸烟研究的统计数据说谎》。

第五章
你的大数据被滥用了吗

让我们先来认识一下 65 岁的珍妮弗。多年来，这位肯尼亚的妇女依靠在首都内罗毕的商业区摆摊卖食物赚钱。她的摊位生意很好，不过她的手中几乎没有什么余钱，因此她无法投资自己的生意，并且，倘若突然哪一天生了病，她就会立刻陷入财务困境。

这些意味着什么呢？意味着珍妮弗几乎没有办法借到钱。她能从微型金融[1]那儿借到的钱数量太少，而通过高利贷借钱的利息又太高。由于她没有任何抵押物作担保，普通银行也不会批准她的贷款，而且，她还没有一个在其他国家早已非常普

[1] 微型金融（microfinanciering）：为低收入客户，或者由自雇者组成的集体贷款组织提供的金融服务。其囊括范围极广，小额信贷便是其中一种。

遍的东西——信用分数。

几十年以来，信用分数在西方国家早就很寻常了。1956年，工程师比尔·费尔和数学家厄尔·艾萨克二人创建了费埃哲公司。他们当初创立费埃哲公司的想法很简单：借助数据，人们可以更好地评估一个人是否有能力偿还贷款。

在此之前，银行决定给一个人发放贷款的依据是别人对他的评价、他在对谈中的表现以及银行家们对他的感觉。但这种评估方法并不适用于每一个人。在美国早年间的一些信用报告中，曾将某家卖酒的商店标注为“一家低档的、为黑人服务的商店”，还出现过“与犹太人进行大额交易时（必须）要谨慎行事”这样的字眼。

费尔和艾萨克为此设计出了一个公式。这个公式考察的并不是你的个人背景，而是你的财务状况。你的收入是多少？你有按时付款吗？你已经借了多少钱？根据这些数据，他们会计算出一个分数。这个分数代表了你偿还贷款的可能性有多大。

事实证明，费埃哲公司用分数评估的方法对双方而言都有好处，数以百万计的人能够有机会获得贷款，贷方也赚了更多的钱，因为通过分数预测谁无法偿还贷款，比他们自己的判断准得多。这么看来，公式比人为的判断更能使人做出正确的决策。

荷兰在1965年创建了自己的信用登记局。如果你想申请一笔新的贷款，那么银行在法律上有义务向信用登记局索要你的个人数据。而应贷方的要求，信用登记局会计算出一个你的信用分数。

世界上许多其他的国家也使用信用评分系统。然而，仍然有数百万人没有获得过信用分数，例如和珍妮弗一样的人。席瓦妮·西罗雅在她 2016 年的 TED 演讲中曾说到，最近几年来，像珍妮弗这样的人也有机会能获得自己的信用分数了。西罗雅是 Tala 公司的首席执行官，这是一家使用大数据发放贷款的初创公司。直到几年前，珍妮弗依旧没有办法拥有自己的信用分数。不过她有一部手机，里面可以保存所有与她相关的数据——她曾给谁发过短信、曾打了多久的电话、身处何地，等等。

有一天，珍妮弗的儿子说服母亲在手机上安装了 Tala 的应用程序。随后，珍妮弗在程序中申请了一笔贷款，并且根据手机里的数据，她马上拿到了钱。两年后，珍妮弗的生活便彻底地改变了：她经营了三个摊位，而且还计划开一家餐馆。珍妮弗甚至都可以去向银行申请贷款，因为如今的她已经能证明自己有偿还能力了。

当下最危险的想法之一

珍妮弗的故事听上去十分感人。尽管这只是 Tala 公司营销的一个故事而已，但它讲述的正是我们目前所处的社会发展趋势：大数据革命。那么，要满足什么条件才能称得上是“大”数据呢？人们通常用四个“v”来描述大数据：规模（volume）、速度（velocity）、多样性（variety）以及准确性（veracity）。换句话就是：大量、快速、多样且可靠。

如今人们对数据的渴望与“第一拨大数据”时期，也就是弗洛伦斯·南丁格尔所处的年代相比，最主要的差别在于，我们现在有互联网了。流程依旧按照数据标准化、采集和分析数据进行，但互联网能将这一切做到极致。我们能让数据比以往任何时候都更加标准化——不管是今日步数或点击量，还是面部识别或噪声污染；我们采集到的数据比以前多多了——谷歌每分钟能进行 360 万次的搜索，YouTube 在一分钟内就播放了超过 400 万个视频，Instagram 的用户每分钟在平台上就发布了将近 5 万张图片；并且，我们正在使用越来越智能的方法，也就是所谓“算法”来分析那些海量的数据，关于这一点我稍后再说。

随着数据量的不断增多，人们对自己能做的事情所抱有的期望值也越来越高。向珍妮弗提供贷款的 Tala 公司就想借助大数据的帮助，接触那些目前无法获得信用分数的人。美国的服务机构“危机短信热线”分析民众手机短信里的数据，为了找到那些试图自杀的人从而施以援手。荷兰也进行过大量的大数据实验，用来追踪那些虐待儿童的犯罪行为。

人们对于大数据的期望值非常高。政策制定者、公司老板以及公共知识分子们认为，大数据可以帮助人们解决气候问题、提高医疗保健水平和消除全世界的饥饿。

人们甚至还可以用大数据拯救民主。荷兰瓦赫宁根大学校长路易丝·弗雷斯科在 2016 年《新鹿特丹商业报》的一篇评论文章中表示，如果许多人都不去投票站投票，那么选举就会变得没有一点意义。“假如我们用人工智能系统替代民主选举，结果会怎样？”智能算法可能会使大选变成一件“多此一举”的事情，因为人们的偏好早就已经存储在了大数据中——我们去哪儿旅行、和谁交谈、读什么书，等等。从所有与人们行为相关的数据信息中，同时再加上额外的调查研究，就可以提炼出那些人们真正看重的东西，继而了解到人们的政治偏好。

弗雷斯科设想的这个思维实验看上去似乎非常怪异，但重点是，大数据算法正在获得越来越多的权力。保险公司利用算法计算你需要缴纳多少保费；荷兰税务及海关管理局借助算法评估你是否有逃税漏税的行为；美国的法官通过算法判断他是否需要提前释放某名囚犯。有时候，某些事情已经根本不需要人参与了。例如，Foodora 外卖公司员工的工作日程表就完全由算法生成。在荷兰，要是人们在网上付款中遇到了什么麻烦，首先就会出现一个“机器人法官”帮助其解决问题。

人们的命运越来越掌握在大数据的手中。然而，这种“让数字决定自己的生活”的设想其实很危险。因为在这个观点的背后，隐藏着一个很严重的误解：大数据与现实始终是一致的。也就是说，人们会认为本书前几章中所提到的问题，在大数据中都是不存在的。

因此，现在是时候通过前几章的内容来仔细研究一下大数据了。人们在 21 世纪该如何标准化、采集和分析数据？还有，为什么即便在科技发展快如闪电般的时代，我们也依旧不能轻易地让数字和算法帮我们做重要的决定？

人们口中的算法到底是什么

我们先从大数据的运作模式开始说起。如今，人们是如何处理数据的呢？就好比过去人们发明了平均值和图表来研究（当年的）海量信息一样，聪明的人们现在也在通过各种方式处理数万亿字节的信息，而他们发明的技术就是算法。算法决定了你在谷歌上会得到哪些搜索结果、在脸书上会看到哪些帖子、在交友软件中会遇到谁，以及哪些人能从类似 Tala 那样的公司那里获得贷款 [“算法”（algoritme）一词出自波斯数学家穆罕默德·本·穆萨·花拉子密，他在 9 世纪写了一本有关算术的书]。

实际上，算法只是人们为了达到某个特定的目标所采取的几个步骤而已。从电脑屏幕上看，它其实枯燥得很：就是一行一行的、由软件开发人员用计算机语言编写的代码，用来指示电脑在何种情况下应采取哪个步骤。例如，“如果–那么”命令就是这样的一种代码：“如果一个人偿还了贷款，那么他的信用分数将提高10分。”

那算法又是如何工作的呢？对此，美国数学家和作家凯西·奥尼尔在她所著的《算法霸权》中用了一个实际的例子来解释这个问题：为她的家人下厨。当奥尼尔的家人：（a）吃饱了；（b）觉得食物好吃；（c）摄取足够的营养时，她就会感到满意。通过每天晚上评估这三个因素的状态，她就能了解到当天的饭做得好不好，以及未来将如何改进。例如，奥尼尔看到孩子们把菠菜剩下了，却把西蓝花全都吃光了，类似这样的观察结果会帮助她调整家人的饮食结构，从而让他们吃得更健康一点。不过，若她想要达成这个目标，则还需要考虑一些其他的限制条件：奥尼尔的丈夫不喜欢吃盐，并且她的一个儿子不喜欢吃汉堡（但特别爱吃鸡肉）。同时，她也没有无穷无尽的预算、时间和欲望下厨。

经过多年的实践，奥尼尔对这个流程早已了如指掌。为了给家人提供最好的饮食，不知不觉中，她已经做出了一张越来越严格的计划表，来指导自己每一步该如何做。现在我们假设，她的这项任务将由一台计算机接管。那么，她该怎样把“如何决定菜单”转移到电脑上呢？为此，奥尼尔就必须找到一种能将她的目标标准化的方法。例如，要确定家人是否吃得饱、美味且健康，她可以查看下面这三种指标：（a）食物的卡路里含量；（b）对食物的满意度；（c）每一种营养的每日建议摄入量百分比。同时，奥尼尔还需要考虑如何将那些限制条件输入电脑中，比如为她的预算设置一个上限，等等。

一旦奥尼尔确定了需要标准化的内容和方式，接下来她就能开始采集数据了。她可以先建一个列表，里面囊括了所有可能用到的食谱，并且为每一份食谱都注明其所需的准备时间、食材的价格以及营养价值。奥尼尔自己可以记录下每顿饭在数量和健康方面的得分，并且还可以让她的家人在 1 到 10 之间为每一道菜打分。

有了这些数据，奥尼尔就可以编写一个程序，而这个程序就能算出奥尼尔一家一年之中的每一天应该要吃些什么。不过，她也可以让该程序变成一个会自主学习的程序。只要一切都是用数字来表示，那么计算机自己就可以分析出奥尼尔的目标和菜肴之间的联系。最终，这种算法甚至还能根据奥尼尔之前所设定的目标创造出新的菜式。又或许，这种算法还可能注意到一些她此前从未注意到的模式——比如，同样吃的是小卷心菜，倘若孩子们昨天吃的是荷兰煎饼，那么第二天他们吃剩的小卷心菜就会稍微多一些。通过这种方式，她的计算机使用了一种叫作“机器学习”的人工智能模式，去学习一项每一步都并未被人类提前编好的任务。令人兴奋的是，这种自主学习能力还会让算法变得更复杂，有时甚至连程序员都无法知晓软件的下一步将会采取什么步骤。

简言之，奥尼尔把她的烹饪任务标准化，采集数据并且让软件分析数据。这些步骤我们之前好像在哪儿看到过？没错，这些正是我们之前提到的弗洛伦斯·南丁格尔、阿奇·科克伦和其他研究人员所采取的步骤，并且，也如同前几章所说的那样，任何算法在这三个步骤中的任何一步都有可能出错。这一点，关于信用分数的故事就能解释清楚。

1. 抽象概念又一次被量化了

在金融领域，有许多像 Tala 这样的公司用大数据评估一个人的信誉度。以 ZestFinance 公司为例。这家由谷歌前首席信息官道格拉斯·梅里尔创立的公司自 2009 年成立以来，已经让超过 3 亿人获得了信用分数。他们认为，传统的信用评分系统受到了“小数据”的限制。此前由费尔和艾萨克创造的常规的信用评分系统，使用的“数据点还不到 50 个”，而那只是“每个人可用的公共数据中的一小部分”。另外，根据 ZestFinance 公司的说法，他们使用了 3000 多个变量来评判某个人的信誉度。

在荷兰，许多公司也会用大数据评估客户的支付信誉度。荷兰的数据交易公司 Focum 就给每个人都打了个分数，从 1 至 11。你还有一笔账单没付？那就得扣 10 分，甭管这账单是 20

欧元还是 2 万欧元。这种征信机构可以将分数出售给任何想要的人或机构——保险公司、房屋公司、Vattenfall 能源公司、沃达丰公司等等。任何一个荷兰人都有可能被这家公司打过信用分数，他们自己声称拥有 1050 万荷兰人的数据。这也就意味着，未来你可能会因为自己的信用分数不好，而被电信公司拒绝订阅优惠套餐的申请，或者突然需要为一项新添的能源使用支付高额押金。

现在你可能想问，这难道有什么问题吗？毕竟，正如肯尼亚妇女珍妮弗的故事所示，使用大数据的信用评分系统提供了许多可能性。它给了以前没有信用分数的人获得分数的机会。然而，这种系统对人们生活所带来的冲击，可能会比我们想象的要猛烈得多。

我们在第二章中提到，智商是智力这个抽象概念的一个估计值。信用分数也是如此，人们尝试用它表示一个人将来偿还贷款的可能性。所以，信用分数是一个预测值。

许多大数据模型都曾试图预测未来的发展。例如，美国刑事司法系统就利用大数据模型，计算某个犯人未来再次犯罪的可能性。这种模型计算出来的结果很重要，因为它可以影响法官决定是否提前释放这个犯人。但是，如果一件事情是抽象且难以衡量的，那么将来还是有可能会发生。这种预测背后的统计模型从来都不是万无一失的，其中始终存在着很大的不确定性（稍后我将详细介绍这种预测背后的模型）。

假如我们忘记了这种预测仅仅是对一个人行为的估计，那么我们其实就是在有缺陷的数据基础上判断一个人。

信用分数还存在另外一个问题。它常常被人们用来表示除了未来行为以外的东西，一个至少还是抽象的东西：忠诚度。信用分数不再仅仅被用于人们申请贷款。美国交友网站 CreditScoreDating.com 的理念就是“信用良好的人才性感”。在该网站上，人们可以从信用分数的层面寻找适合自己的交友对象。

但是，对信用分数信息的使用还远远不止这些。2012 年，美国一项对人力资源行业员工的研究显示，约有 47% 的雇主会查看求职者的信用记录。而另一项针对有信用卡债务的美国家庭的调查也显示，每 7 位信用记录不佳的受访者中，就有 1 位曾经被雇主告知，正是出于这个原因，他未被雇用。

上述这些研究发现只适用于某些特定的样本，因此不能代表所有美国人民。不过可以肯定的是，雇主确实会查看求职者的信用背景。去网上看一下美国空缺职位的招聘信息你就会发现，要求对求职者进行信用检查的雇主其所在的行业范围极广，从卖烟花的到卖保险的都有。

虽然雇主无法获得求职者的信用分数，但却可以拿到一份关于其借贷行为的概述报告。雇主希望借助这份数据，对可能成为其员工的求职者们的性格做一个评估，评估他们在未来是否会做出欺瞒公司的行为。

然而，目前没有任何证据表明，一个人的借贷行为和他在职场上的表现有关。少数几项关于这个课题的研究，结论均是二者之间不存在关联。2012 年，研究人员杰里米·伯纳斯和他的同事比较了个人的费埃哲信用分数与其人格测试的结果。信用评分较高的人更小心谨慎，但服务他人的意识没有那么强。除此之外，在其他方面则没有任何差异。

还有更重要的一点，信用分数和欺瞒公司的行为之间也不存在任何联系。简言之，将一个人的信用记录作为一种预估其职场可靠性的方法是不合理的。正因如此，美国现在有 11 个州禁止雇主索要求职者的信用数据。在荷兰，仅与信用登记局有关联的贷方才能查看到个人的支付记录。

然而，即便信用数据仅仅被用作发放贷款这一个目的，我们也必须保持警惕。因为在采集数据（包括大数据）的过程中，人们在许多事情上都有可能会犯很严重的错误。

2. 大数据的来源有可能见不得光

大数据可以帮助解决基本的数据采集问题。顾名思义，“大”数据中已经不存在样本规模过小的困扰了，特别是像荷兰这样，现在几乎每个人都可以上网的国家。此外，越来越多的设备可以追踪到人们的动态——自动调温器、汽车、智能手表，等等。艾恩德霍芬和乌得勒支等城市被称为“智慧城市”，就是因为它们都使用了新技术采集有关市民的各种数据，例如有从路灯柱子中的 Wi-Fi 追踪器采集的，也有通过光缆中的传感器采集的。

因为现在人们使用了越来越多的技术采集数据，所以就再也没有必要像性学教授阿尔弗雷德·金赛当年做研究那般单独和人进行访谈了。因为我们可以直接观察到人们做了些什么。正如数据研究人员赛斯·斯蒂芬斯－达维多维茨所说：“谷歌就是数字真相的精华。”

例如，已婚妇女在谷歌上询问自己丈夫是否为同性恋的次数，要比她们询问丈夫是否为酗酒者的次数高出 8 倍；在印度谷歌网页上输入“我的丈夫想……”之后，跳出来的第一个联想词是“让我喂他喝母乳”；来自密西西比州等保守州的男性在问卷调查中，虽然不怎么会承认自己是同性恋，但他们和来自纽约州等开明州的男性搜索同性恋色情片的次数却一样多。这些数据可是阿尔弗雷德·金赛做梦都想采集到的。

那些提供信用分数的公司也清楚，在大数据时代，遍地都是个人数据。他们不再需要通过官方途径申请获取某人的数据，而是可以在互联网上展开地毯式搜索。正如 ZestFinance 的首席执行官道格拉斯·梅里尔所说：“一切数据都是信用数据。”有时他们是公开采集数据，例如从荷兰商会那里获得注册过的数据。而有的时候，常常是你自己还没有注意到，就已经同意他们共享你的个人信息了。

这些数据的来源通常是一些灰色地带。2017 年 10 月，来自调查记者平台 Investico 的记者卡蕾・库艾珀斯、托马斯・明茨和蒂姆・斯塔尔在彻底调查了一些荷兰数据交易公司之后，在周刊杂志《绿色阿姆斯特丹人》上发布了一份详尽的调查报告。他们发现，有些数据是交易公司直接从讨债公司那儿获取来的。在本人毫不知情的情况下，债务人的信息就这样进入了数据库。而即便在还清债务很久以后，他们的财务历史依旧有可能给他们带来困扰。顺便说一句，这么做是非法的，因为别人若想要共享你的数据，则必须事先告知你并获得你的允准。

而且，人们通常无法确定那些被使用的数据是否正确，因为到底哪些数据被使用了还尚且不清楚。例如，这三位 Investico 的记者发现，荷兰瓦赫宁恩的一个房屋协会可以以申请人信用分数过低为由拒绝他们的社会住房申请，但是该协会却“并不需要知道数据公司是如何计算出这些信用分数的”。

记者们还做了个测试。他们雇了 10 个人，让这些人去向三家数据公司索要关于自己的数据。结果这 10 个人拿到的数据寥寥无几。但是，当记者随后冒充成客户，去向数据公司购买这 10 人的数据时，他们一下子便收到了大量的数据报告。

还有一点可以肯定的是，信用数据时常会出现错误。2012

年，美国联邦贸易委员会就曾注意到在其抽取的样本中，来自三大征信机构之一的一份信用报告里至少有四分之一的数据信息有误。而在这四分之一中，每 20 个人里就有 1 个人的数据错得特别离谱，这很可能导致这些人在贷款时不得不面对更高昂的利率。

在其他数据库中也会发生这种离谱的错误。例如，曾有一份数据显示，2009 年至 2010 年，英国有 17000 名怀孕的男性。是的你没看错，的确是怀孕的男性。因为系统把这些男性实际的手术注册代码和妇产科的手术注册代码搞混了。

2011 年，荷兰政府政策科学理事会发表了一篇题为《我与政府》的报告。该报告指出，荷兰国内也存在此类数据错误。市政厅系统中注册的市民地址信息有误；税务和海关总署数据库中的个人收入信息有误；在一个警察数据系统中，荷兰保险局的员工居然还被注册成了罪犯——到处都是错误。因此，仅仅盲目相信数字是极为不明智的。

有时，错误并不是由人们粗心大意造成的，而是出于某种恶意。美国最大的征信机构之一艾可菲（Equifax）于 2017 年宣布其遭到黑客入侵。有将近一半的美国人口、大约 1.5 亿消费者的数据被盗，他们的姓名、出生日期、家庭住址以及社会保障号码可能突然就会被放到黑市上售卖。这些数据都是非常有价值的，因为有了它们，在美国你几乎可以进行任何重大的交易。你可以用它们申请信用卡、提交纳税申报表，甚至还可以用他人的名字购买房屋。

有一句古老的统计学谚语是这么说的："若开始的时候是一团乱麻，完成的时候也还会是一团乱麻。"人们仍然能编写出一个平滑的、能"机器学习"的算法，可如果使用的数据是不正确的，算法则没有一点用处。但是，假设将来不存在任何数据欺诈行为，我们拿到的数据均是完美的，那么我们可以将自己的命运交到算法手中吗？

3. 相关性仍然不能等同于因果关系

传统的信用分数（例如费埃哲的信用分数）仅仅是基于你个人的数据而得出的。你是否曾经贷过款？贷款的数额是多少？你是否有按时还款？人们认为，这些因素可以预估将来你是否会偿还贷款。

其实，我们有充分的理由可以证明这个观点的不公正。一个人的债务通常是由高昂的医疗费用或是失业造成的。有些人可以用自己的积蓄渡过难关，但并不是每一个人都有足够的资产去摆脱困境。所以，信用分数不仅仅是对一个人可靠性的考量，还是对其运气的考量。

利用大数据进行计算的信用评分系统则往前迈进了一步。我们回过头再来说一下珍妮弗和她的小吃摊位。当初，Tala 公司是如何决定给这位肯尼亚妇女发放贷款的呢？此前，珍妮弗必须先允许公司通过一个应用程序访问她的手机，那里存有大量等着被分析的数据。例如，从珍妮弗手机的位置记录信息中就可以清楚地发现，她常常出门在外。不过，她的生活模式是有规律的：要么在家，要么在摊位。珍妮弗的通话记录也显示，她常常会给住在乌干达的家人打电话。此外，她还曾与89位不同人士有过联系。

按照Tala公司的算法，以上所有这些因素都会一点一点地增加珍妮弗将来偿还贷款的可能性。比如根据分析显示，与亲人保持定期的交流可以使该可能性提高4%。有一个固定的日常生活模式，并且与58位以上的人有过联系，这两点看起来也都是很有利的信号。

所以，大数据信用评分系统的计算方式与传统信用评分系统是不一样的。这些算法不仅会查看你所做的事情，还会查看和你类似的其他人所做的事情。它们在数据中寻找关联，也就是相关性，然后预测出你接下来将会做些什么。因此，对于任何能使算法预测得更准确的数据，算法都是来者不拒的。

甚至连一个人在注册账户时所用的字母也大有讲头。ZestFinance公司的道格拉斯·梅里尔在2013年就曾表示，一个人若仅仅使用大写字母（或仅仅使用小写字母）注册账号，则可能意味着这个人将来会有不良的支付行为。

一个人的购物行为也可以表明他未来是否会偿还贷款。2008年，美国运通公司决定关停部分美国客户的信用卡。该公司解释："在您最近消费的购物场所中，使用过信用卡的其他客户的还款记录很差。"美国运通公司后来否认他们已将某些商店列入了黑名单，但承认使用了"几百个数据点"来监控用户的信誉度。

社交媒体则是另外一座数据的"金矿"。2015年，脸书获得了一项专利，可以用你的社交网络计算信用分数。什么意思？假如你朋友的信用记录不佳，那么你也很可能在申请贷款时无法得到贷方的信任。NEO Finance公司就曾使用领英网的数据估算一个人的"性格和能力"，比如检查这个人的简历是否准确无误。

此前，银行家们决定是否批准一个人的贷款申请，会受到他们内心来自种族、性别和社会阶级的偏见的影响。而费埃哲信用分数的出现已经排除了这种可能。但是，借助大数据的信用评分系统，我们似乎在做与过去银行家们完全相同的事情：根据一个人所属的群体对其作出评价。

只不过，如今这些群体被定义成了"大写字母使用者""专门买便宜货的人"和"没有朋友的人"。然而，如果你透过数字的表象往里看，就会发现里面的内容其实换汤不换药。书写时是否使用大写字母很可能与你受教育的程度有关；在领英网上有联系人意味着你有一份工作；而你一般在哪儿购物则足以说明你的收入水平。最后，算法将人们区分开来的方式其实和早年间银行家们所采用的标准完全相同——穷人或富人、有工作或没有工作、低学历或高学历。

统计学家称之为相关性，而对其他人来说则是一种偏见。

那么在大数据之中，相关性和因果关系又是怎么样的呢？按照技术杂志《连线》的前总编克里斯·安德森的说法，我们不必再为此担心了。他在2008年曾发表了一篇颇具影响力的文章《理论的终结》，其中写道，解释某些关联是没什么意义的。“谷歌的基本理念是：我们不知道为什么这张网页比那张网页好，但只要统计数字说它好，那就够了。”而我们在第四章中通过鹳鸟与婴儿的例子得出的“相关性并不等同于因果关系”，据安德森所说已经不重要了。“现在，拍字节[1]允许我们这么说一句：‘相关性就已经足够了。’”

这是一种幼稚的言论。就算在大数据时代，仅仅有相关性也还是不够。以谷歌在2008年大张旗鼓推出的一个名叫“谷歌流感趋势”的算法为例。在搜索结果的基础上，谷歌承诺该算法可以预测爆发流感的地点、时间和规模。他们的想法是，人们在生病的时候会去谷歌搜索症状。

这份承诺给得很大。谷歌公司总裁埃里克·施密特认为，此算法每年可以挽救成千上万人的生命，并且他似乎说得还挺

[1] 拍字节（Petabytes，即PB）是一种信息计量单位，现今通常在标示网络硬盘、服务器农场总容量，或具有大容量的存储介质之存储容量时使用。

有道理。之后的两三年，这个模型非常精确地预测了流感在何时何地爆发。然而，在随后的几年中均出现了错误的预测。2013 年是该算法错得最离谱的一次，其预测的流感规模是真实情况的两倍多。

那它到底是错在哪儿了呢？该算法的开发者们从 5000 万个搜索关键词中，选择了 45 个与流感爆发最为密切相关的词汇，然后他们对搜索这些词的行为进行了监控。这听起来还挺合乎逻辑。但是，这其实和传统小规模的数据库一样，里面依旧潜藏着那个果冻豆的问题：如果搜寻的时间足够长，你总能找到两件事之间的关联。

实际上在大数据中，这个问题尤为突出，因为你拥有的数据点越多，你就会发现越多显著性的关联。例如，研究人员就曾偶然发现，搜索词“高中篮球”与流感传播之间有密切的联系。于是，算法的开发者们便从模型中手动删除了这种偶然相关性。但是，这样的决定可不总是那么轻易下得了的，因为你要如何确定一件事情是偶然发生的呢？例如，对于搜索词“手帕”来说，这是碰巧冬天要来了，还是流感要爆发的征兆呢？

该算法的另外一个问题是，开发者们忽视了一些重要的技术发展，比如谷歌自己的搜索引擎在设计上的变化。从 2012 年开始，如果有人用谷歌搜索“咳嗽”或者“发烧”，网站上便会显示出一些有可能的诊断结果，其中一种就是流感。于是，人们便更有可能继续搜索有关流感的信息，而这也就导致了“谷歌流感趋势”算法高估流感爆发的规模。

我们此前提到的征信机构也是在做一种预测的工作，在这种预测中，同样也会潜藏偶然相关性，并且，某些重要的技术发展还会使预测变得不准。例如，一旦得知了你在注册账号时一定会使用某几个特定的单词，人们就可以利用这一点，而其中的偶然相关性也就多了几分。

但是，假设我们未来不必去担心这两个问题，人们找到了发现偶然相关性的方法，并且还可以实时修改它们，即便是这样，我们依旧还有一个问题没有解决：人们使用数字的方法会影响数字最终呈现出来的方式。

数字并不是捕捉到了现实，而是取代了现实

“如果你不雇用我的话，我就没有办法去学校深造。”

“如果你没有足够的学历背景，我不会雇用你。”

这一段对话发生在 2003 年美国的弗吉尼亚州，是雇主和求职者之间的一番激烈讨论。也许雇主是因为肤色而拒绝了求职者，或是雇主在浏览了求职者的简历后得出了其“学历背景不足”的结论。

不过，求职者并不是黑人，而是“紫色”的。这二者也并非真正的求职者和雇主，而都是学生。他们参加的是哈佛大学

教授罗兰·弗赖尔及其同事所做的一项研究实验。这项研究想通过实验表明，当人们盲目相信数字时，一个平等的世界偏离正常轨道的速度有多快。

在这项实验中，学生们扮演的角色都是随机分配的，其中有“雇主”“绿色求职者”或“紫色求职者”。在每一轮里，求职者都必须选择是否要在学业上对自己进行投资。

一方面，这种投资有一个缺点：学生们因为参与“教育”被收取了费用，也就是“教育”让他们花费了金钱；另一方面，这种投资增加了他们在“测试”中取得高分的可能性（“测试”是由一系列的加权模块组成。如果学生们投资了教育，那么模块通常会将其认定为一种优势），这样他们也会获得更多赚钱的机会。雇主们更愿意雇用那些“测试”得分较高的求职者，因为受过良好教育的员工能为他们赚更多的钱。但是，由于雇主们只能看到“测试”的成绩，因此他们并不能 100% 确定求职者是否真的接受了教育。这项实验与现实十分相近。雇主无法完完全全地确定求职者是否适合某个职位，但可以通过一些并不完善的指标（例如学业成绩）进行估算。

弗吉尼亚州的这项实验开始了。第一轮中，紫色求职者在教育上的投资比绿色求职者略少一些。这与他们的紫色属性无关，因为颜色都是随机分配的。下一轮中，雇主们在查看了相关的统计数据后，认为还是不要雇用那些紫色求职者比较好。而当那些紫色求职者渐渐发现，雇主更倾向雇用绿色求职者的时候，他们反而会决定减少自己在教育上的投资。因为此前的那笔教育投资似乎并没有增加他们获得工作的概率。

而最有意思的一点是，每个人的行为都是理智的。从数字上来看，大家采取的均是最佳的策略。但从第 20 轮起便进入了恶性循环，最终变成了一个极为不平等的世界。“我很惊讶，学生们也都非常生气。”研究人员弗赖尔告诉蒂姆·哈福德，后者将这项实验写进了一本名为《谁赚走了你的薪水》的书中，“最初的不平等是偶然形成的，但是人们一直把这份不平等牢牢地攥在手里，从未丢掉过。”

当然，世界比这项有趣的实验要复杂得多。不过，这也说明了很重要的一点：数字既是世界形态产生的结果，也是导致其形态的原因。看上去数字似乎是被动地将现实给记录了下来，但事实并非如此。数字形成了现实。就像如今的大数据一样，统治着我们的世界的数字越多，它们就越将改变我们的世界。

我们以“预测警务”为例。该系列算法被警察用来寻找未来有可能犯罪的人。从美国的数据中可以看出，贫穷的年轻黑人与犯罪之间有着十分明显的关联。根据这些算法，警察会将关注的重点放在符合此描述的社区和个人身上。那结果呢？这就上升到了种族的层面，导致许多无辜的人也遭到了逮捕，并且，警察逮捕某些人的次数越频繁，这些人自动出现在统计信息中的频率也就越高。毕竟，你忽视了所有富有的白人罪犯，因为他们不符合之前算法给出的描述。所以，当下一份的统计数据显示，肤色和犯罪之间的关联甚至变得更为紧密的时候，这也就不足为奇了。

人们在信用评分上也依旧面临相同的风险。具有某些特质的人比其他人更难获得贷款，这会使这些人更有可能陷入贫困的境地，由此他们获得贷款的难度又会增大，而这又使他们变得更加贫穷，如此不断地循环往复。就这样，算法变成了一种自证预言[1]。

而本应捕捉现实的数字，最后却取代了现实。

你想通过数字实现什么？

2014 年中国政府宣布，从 2020 年开始，中国将全面推行“社会信用体系”制度。按照官方的说法，该体系是为了“构建一个社会主义和谐社会”。这个信用分数系统将让“失信者寸步难行，守信者处处受益”。2015 年，中国人民银行曾选择

[1] 自证预言（self-fulfilling prophecies）是由美国社会学家罗伯特·金·莫顿提出的一种社会心理学现象。它是一种人们先入为主的判断，无论其正确与否，都将或多或少地影响到人们的行为，以至于这个判断最后真的会实现。

了 8 家公司对该系统进行试验。因此最近几年，我们对这个系统如何运作已经有了一个大致的了解。

这 8 家公司中的一家就是蚂蚁金服，支付宝便在该公司旗下。支付宝是中国最大的网店阿里巴巴的支付程序，拥有超过 10 亿的中国用户。支付宝提供了几乎所有类型的服务：商店内消费、购买火车票、订外卖、打车、贷款、支付账单、支付罚单以及添加好友。这就好比你的银行应用程序与 Bol.com[1]、脸书、优步租车、DigiD[2] 和公交卡合并了一样。自从中国人民银行授权以来，蚂蚁金服又在支付宝内增添了一项新的服务：芝麻信用。这是一个可以给你带来各类好处的积分系统。

芝麻信用的用户会获得一个 350 分至 950 分之间的分数。如果你的分数大于 600，则可以获得阿里巴巴旗下网店里大约 600 欧元的信用额度；650 分以上，你就可以享受免押金租车；超过 700 分，你申请签证时就会更轻松。另外，分数高也有利于你的声誉，你可以将其贴到社交网络上炫耀，并且，它还能让你的信息在交友网站上占据一个显著的位置。顾名思义，芝麻信用将为你打开一扇背后藏着宝藏的大门。

那我们该如何获得芝麻信用分数呢？你必须按时支付账

---

[1] Bol.com：荷兰最大的跨境电商平台。

[2] DigiD：荷兰的一个身份管理平台。荷兰政府机构（包括税务和海关总署）可以使用该平台来验证荷兰居民在网上的身份。

单，不落下任何一个月的房租，以及还清所有的贷款，并且，你在应用程序中填写的个人信息越详尽，例如住址、工作、学历等，你获得的分数就越高。那么那些通过支付宝进行的购买行为呢？蚂蚁金服的技术总监李颖赟在接受《连线》杂志采访时曾解释道，订购过多的游戏会对你的分数不利，但购买尿布你就会获得一些额外的分数。该公司之后否认了这种说法，但这确实值得人们思考。一旦你了解了所有可以通过支付宝使用的服务项目，芝麻信用计分系统的可能性便可以是无限的。

芝麻信用还会使用来自其他渠道的数据。假如你曾经在考试中作弊一回，那你可就得小心了。芝麻信用的总经理2015年曾表示，她希望拿到在高考中作弊的考生名单，让他们为自己“不诚信的行为”付出代价。同时，该公司还使用政府提供的黑名单，上面列有数百万名未缴纳罚金的人，以此下调这些“老赖”的芝麻信用分数。

大数据令人生畏。它的规模空前庞大，并且算法有时候复杂到甚至连创造它的人都无法理解。但是最终，大数据和小数据均是围绕着一个同样的问题：你希望通过这些数字实现些什么？中国也许对其社会信用体系要达成的目的很明确，那就是“构建一个社会主义和谐社会”。但我们必须意识到，实际上，任何算法都伴随着道德上的选择。

每种算法都试图优化某些东西。例如，YouTube 就希望人们可以长时间观看视频，因为这样他们就可以通过中间插播的广告赚钱。至于视频内容真实与否，也就没那么重要了。谷歌前工程师、研究机构 AlgoTransparency 网站的创始人纪尧姆·查斯洛在深入研究了 YouTube 的算法后发现，该网站会给用户推荐例如详细讲述地球为什么是平的，或者米歇尔·奥巴马是个男人这类的视频。查斯洛这么对《卫报》说："虚构的事物超越了现实。"

同样，警察之所以使用"预测警务"算法，是因为他们想要尝试优化民众的安全。然而，警察想要达成的目的却与另一个目的——正义——相矛盾。无辜的人由于算法的预测而遭到逮捕是对的吗？这就取决于你想要实现些什么了。

信用分数也是如此。在本章的前面我们提到，美国联邦贸易委员会在调查后得出的结论是每 20 份信用报告中就有 1 份包含严重错误。而美国消费者数据行业协会（CDIA），这个包括征信机构在内的许多数据公司的行业协会，却将此视为一个积极的信息。毕竟，95% 的消费者的信用报告都是正确的。

不过这 5% 到底是多还是少？这就取决于你通过信用分数想要达成的目的。通常来说，贷款都是由商业团体发放，他们的目的就是盈利。从这个方面看上去，95% 的正确率确实已经很不错了。对于他们而言，公平与否并不重要。毕竟借款人不是客户，而是商品。

所以，我们仍然需要保持警惕。在荷兰，我们同样也得面对各式各样的评分。按照我在 De Correspondent 的两位同事，毛里茨・马丁和迪米特里・托克梅齐斯的话来说，我们的社会逐渐变成了一个“记分板社会”。

不信你看：征信机构试图算出我们能否妥善地处理金钱；保险公司想要算出我们未来能否保持健康；税务部门想了解我们将来是否会逃税漏税；警察想知道我们以后会不会犯罪。任何一种计算出来的分数都会给我们的日常生活带来影响：贷款被拒、被迫支付高额的保费、收到缴税通知单以及被警察逮捕，通常这些受害者本就是在社会中处于弱势地位的人。

大数据可以让世界变得更美好。看看肯尼亚妇女珍妮弗，由于拿到了贷款，她就可以过上更好的日子。而同样的算法，既能帮助像珍妮弗这样的人，也可以保持社会上长期存在的不平等问题，并且还能创造新的不平等现象。

因此，算法并不存在好坏之分，而取决于人们使用它的方式。这也就是我们讨论下面这个问题至关重要的原因：这些算法想要达成什么目的？是寻求真理还是追逐利润？是民众的安全还是自由？是正义还是效率？这些均是道德上的困境，而我们是无法用统计数据解决的。

无论我们使用的数据有多可靠，人工智能的水平有多先进，算法都永远不可能是客观的。如果忘记了算法的这一特性，那我们便是把道德上的决策留给了那些碰巧具有计算机才能的人，那些用编程的方式决定对错的人。

第六章

你的心态，决定了数据的价值

“一杯酒实际上已经过量了。”这条标题是我于 2018 年 4 月在 NOS 的网站上看到的。标题下面的文章中写道，如果你每天不止喝一杯酒，那你就已经面临着早死的风险。

这篇文章引用了著名期刊《柳叶刀》上发表的一篇论文，总共涉及 83 项研究、60 万名研究人员。尽管这个结论的确令人印象深刻，但相关性并不等于因果关系。

这一点，了解循证医学的研究人员维奈·普拉萨德也注意到了。于是，他在深入研究了《柳叶刀》上刊登的这篇论文后，简单粗暴地在推特上写道：“一组科学家证明，人们遏制不了对屁话科学和扯淡的健康新闻的渴望。”

随后，普拉萨德又发了 30 多条推文来解释他先前的言论。他提到了出版偏见，也就是只有发现了关联的研究才会被发表出来。他还指出，这项研究仅仅调查了很短一段时间内的酒精消费量，并且，尽管研究人员在喝啤酒的人中发现了较高的死亡风险，但在喝葡萄酒的人中却没有发现。于是，普拉萨德建议，与其说是酒精，还不如说喝啤酒的人的低收入才不健康。

我来总结一下：喝几杯酒并没有多大的问题。

为什么总会出错？

在我刚刚开始撰写文章时，我以为自己知道要如何解决滥用数字这个顽固的问题：通过学习更多的知识。经济合作与发展组织（OECD）的数据显示，发达国家中每 4 名成年人里，就有 1 名成年人的“计算能力”处于或者低于最低水平线。也就是说，这些人觉得读懂一份数据或者阐述一张图表是件很头疼的事情。数学恐惧症是一个很严重的现象，OECD 于 2012 年总结道，在 15 岁的青少年人群中，有 30% 的人患有数学恐惧症。

此前我认为，如果每一位新闻消费者都能了解数字如何运作，那么所有人都会自动发觉其中的局限性与欺骗性。于是，我开始写有关糟糕的民意测验、不确定性边际值以及相关性和因果关系的文章。每次我都尝试去向人们解释该如何识别这些类型的错误，这样，下一回人们就不会再被数字局限或蒙蔽。

用“学习更多的知识”作为解决这个问题的终极方案，这看上去似乎合乎逻辑。当气候科学家发布温度图表的时候、当记者对基尔特·威尔德斯有关犯罪的言论展开事实核查的时候、当研究过经济的政客们在有关股息税的辩论中举棋不定的时候，这个终极方案都能派上用场。

但是，我写关于滥用数字的文章越久，我就越怀疑知识是不是这个问题唯一的解决方案。因为尽管人们学到的知识越来越多，但改变却越来越少。60 多年前，达莱尔·哈夫早就把一些与数字有关的主要错误写进了他那本《统计数字会说谎》中。当时这本书就已经成了畅销书，而如今人们却依旧在犯同样的错误。有关智商和肤色的话题在每一代人口中都会被不断地提及；不具有代表性的民意调查仍然引发了太多人的关注；人们几乎每一天都能读到健康新闻，其中照旧将相关性和因果关系混为一谈。

一般来说，人们只需通过问几个问题就可以轻松地识别这些错误。标准化是如何进行的？数据是通过什么方式采集的？其中是否存在因果关系？在前面的章节里，我们已经深入探讨了这些问题，并且在书的最后我还会再次把它们全部罗列一遍。

然而，科学家、记者、政客和报刊读者们却还是一次次地对那些从数字中得来的结论背后的错误视而不见。其中也包括我。当我在做完一次演讲后，发现有 50% 的人不喜欢我的表现，我羞愤得恨不得找个地洞钻进去。可是我忘了，这里只有两个人参与了满意度的民意调查。曾经有一则新闻说：有研究证据表明，女程序员会被同事们轻视。我读到这则新闻的时候就感到无比愤慨，但后来却发现是媒体错误地解读了这项研究，程序员中并没有发生如新闻暗示的那般严重的性别歧视。

我一次又一次地犯着自己曾在文章中详细探讨过的错误。直到我写这本书的时候，我才明白了原因。就如同我之前提到过的，对数字的使用不仅仅涉及认知偏差，还和人们的直觉有关。在书里，我们已经一次次地看到，研究人员是如何被其有意识或无意识的偏见和理念所影响。

而我们作为数字的使用者，也同样会被这些所影响。

答案不正确却让人很舒服

多年来，耶鲁大学教授丹·卡汉一直在研究文化、价值观和信仰如何影响人们的思维。在他主导的一项实验中，卡汉和同事们一起向实验参与者展示了一张表格，上面写着一款新的皮肤乳液的测试结果。不过，这项测试完全是虚构出来的。表格上的一组数据显示的结果是“皮疹数量增加”，而另一组则是“皮疹数量减少”。随后卡汉提了个问题：这款乳液对消除皮疹是有帮助呢，还是会令患者的皮疹症状变得更严重呢？

想要回答这个问题，实验参与者们必须得用表格中的数字进行一项稍微有点儿复杂的计算。而那些在先前的数学测试中取得高分的参与者，一般会得出正确答案。实验进行到这儿证明了一点：数学越好的人，越能接近真相。

不过，在这项实验中还有另外两组人。他们拿到的是和之前乳液实验一模一样的数据表格，但内容却是一个美国政坛和媒体都十分关注的话题：持枪权。表格显示的是对更严格的枪支管理立法所进行的一项测试结果。不过问题变成了：新的举措会让犯罪的数量增加还是减少？

然而，这回的结果和之前关于皮肤乳液的实验结果大相径庭。在有关持枪权的实验中，此前擅长数学的实验参与者们并没有表现得很好，尽管这次的数据与此前乳液实验时所使用的数据完全相同，但突然间他们就都答错了。

卡汉对这样的现象给出的解释是："这是由意识形态造成的。"自由派民主党籍的实验参与者们通常主张限制美国人民的持枪权，因而会比其他的参与者更容易注意到犯罪数量的减少，即便在那些从数据上不大能看出来的组里，他们也可以做到这一点。而保守派共和党籍的实验参与者，情况则正好相反。他们更多注意到的是，对枪支管理实施更严格的立法是行不通的。

卡汉对此解释："人们计算出来的答案已经不再取决于

事实，而是与保护自己的身份或迎合你所处‘部落’的理念相关，并且，那些擅长数学的人在这一点上只会比常人更为突出。还有，这通常都是完全无意识的，由人们自身的心态造成。”

在自己的实验中，卡汉曾一次又一次地观察到了这样一个结果：人们越是了解事情的真相或拥有了越多的技能，就越会选择把自己的双眼蒙蔽起来。我们的大脑就如同律师，会不惜一切代价地寻找能捍卫我们信念的论据。

这甚至还意味着，一个人有可能这次相信这个观点，下次就改信另一个观点。例如，某些保守的美国农民否认气候变化的存在，但同时他们又会采取各种各样的措施，来保护自己的买卖免受气候变化的影响。卡汉解释道，这看起来似乎是不合理的，但其实并不是。因为一旦你变更了自己的信念，这有时候就相当于拿自己的一切做赌注。那些忽然承认气候变化存在的农民，会被家人、教会的教友以及棒球俱乐部的朋友用异样的眼光看待。他们为信念的变更押上了所有，但却没有获得任何回报。更何况，他们也无法凭一己之力让气候有所变化。真相往往必须等待一段时间后才会浮现出来。

每个人都容易受到这种心理过程的影响，包括卡汉自己。2014 年，卡汉接受记者埃兹拉·克莱因的采访时曾说，他总是假设自己会犯的错误与他在研究中所提及的错误一样，并且，他还用“事实”来保护自己的身份。因此，要想很好地解读一份数据，这不仅与人们自身的学识有关，还取决于人们的心态。那么问题来了，当我们遇到数字时，该如何带着自己的直觉去解读它呢？我这儿有三条小贴士。

1. 你的感受是什么？

卡汉研究的心理过程在许多话题上其实是没什么用的。例如大部分人会认为，关于乳液之类的数据是中性的。而恰恰是那些你与他人会对其有所感触的数据才更容易被滥用。种族主义、性、成瘾物质——我们在本书前面的章节中讨论这类有争议的话题并非没有原因。这些均是与一个人的身份和其所属的“部落”密切相关的话题。

那我们在解读数字时，应该把自己的感受排除在外吗？这不可能。在解读数字的过程中，它们会一直存在，并且，这其实还是一件好事。如果人们感觉不到恐惧，就会盲目地踏入危险境地；如果人们没有了愤怒，就不会为不公正的待遇奋起反抗；如果人们没有了欢乐，生活就失去了灵魂。感受是人类的一部分，不管是好的还是坏的。

所以，当你看到一个数字，请先退后一步，问一问自己：“我对此的感受是什么？”之前我读到那项关于酒精的研究时，我整个人的怒火都被点燃了，尤其是那篇新闻的标题：多喝一杯酒就能让你的寿命缩短 30 分钟。这简直就是胡说八道。我的愤怒既是我身为一名数字怀疑论者所属的职业“部落”使然，也是由我个人的感受产生的。当我约朋友出来聊天时，我们总会一起去哪儿喝一杯葡萄酒或啤酒，这就是我个人感受的部分。只因为酒精会缩短人的寿命，我以后就不再和朋友们出去喝酒了？我才不要这么做。而当我读到著名的普拉萨德教授发的那篇推文时，我对此十分满意。因为这样一来，我就可以放心地继续喝酒了。

但是，我其实忽略了一些重要的东西。当我注意到自己由于"喝酒并没有什么问题"这条结论而感觉到满意的时候，我再一次去翻看了普拉萨德的推文内容。然后我发现，他从来都不曾提到过喝酒无害。他只是说这项研究不正确。

正如卡汉的研究所展示出来的，我立即选择了一种迎合我所属"部落"理念的解读。对一份数据的某种解读并不一定正确，但却让人很舒服，并且这也正是我擅长的领域，因为我通过自己的工作就能找到各种反对此类型研究的论据。我的大脑也曾干过律师的活儿呢。

2. 再多点一下鼠标！

2017 年年初，丹·卡汉与同事发布了一项新的研究。为了一个科学纪录片的项目，他曾向大约 5000 名实验参与者提出了一些问题：他们多久读一次与科学有关的书籍？他们感兴趣的主题有哪些？他们更喜欢读的是有关科学还是体育的文章？卡汉希望通过这种方式来衡量他们的"科学好奇心"。

在实验中，卡汉还添加了一些另外的问题，有关参与者的政治信仰以及其对气候变化的看法。“你认为全球气候变暖会对人类的健康、安全和发展带来多大的风险？”就是其中的一个问题。就如同卡汉在先前的实验中安排过一场数学水平测试一样，现在他所衡量的是参与者“科学智力”的水平——这种能力可以帮助人们解读关于气候变化的数据。

而卡汉再一次看到了他在之前的研究中发现的东西：自由派民主党籍的实验参与者会比保守派共和党籍的实验参与者发现更多全球气候变暖带来的风险。而参与者越聪明，两组之间的差异就越大。

但是，若卡汉不按参与者的智力水平，而是按照他们好奇心的程度将得到的数据进行分类，结果会怎样呢？先前他在数据中就发现这二者并不相同。一个人可能会对科学非常好奇，但却不一定擅长科学，反之亦然。而在研究好奇心与评估气候变化的风险这两者之间的关联时，卡汉则看见了一些有趣的现象：尽管民主党人和共和党人依旧意见相左，但实验参与者越是好奇，他们能评估到的全球气候变暖所带来的风险也就越大。不论他们的政治信仰是什么，结果均是如此。

为什么好奇心能在其中发挥作用？在后续的实验中，卡汉向参与者展示了两篇真实存在的、关于气候变化的文章。其中一篇提到了对气候变化的担忧，而另一篇则对此表示怀疑。第一篇文章的标题用了让人十分讶异的措辞，例如“科学家们公布了一项令人惊讶的证据：北极冰川融化的速度甚至已经超出了预期”。而另一篇的标题则让人觉得，文章中似乎并没有报道任何新的东西：“科学家们正在寻找更多的证据，以表明过去十年全球气候变暖的速度已有所减缓。”随后，卡汉便问实验参与者们：“你最想读哪一篇文章？”而在这儿，他就发现了好奇心的力量。好奇心更重的参与者们会选择标题看上去令人惊讶的，却与他们的信念并非一致的文章。在这些参与者那里，好奇心胜过了他们自身的身份定位。

这个实验给了我们很大的启发。如果你读到一个数字，请不要止步于此，而是应该继续调查。不管是线上还是线下，搜索一下对其持有相反意见的人怎么说。不要只读那些正好和你的意见相契合的文章，还要去寻找与你的信念背道而驰的文章来读一读，尽管它们可能会令你感到不适、生气或者绝望。正如作家蒂姆·哈福德所说：“再多点一下鼠标。”

对此，我做了一个测试。我去谷歌上搜索了一下有关酒精研究的更多信息，而我很快便找到了各类表明酒精与癌症之间存在因果关系的研究。例如，曾有一项在狒狒身上进行的酒精实验，最终结果是狒狒患上了肝病。另外还有一项元研究的结果显示，患乳腺癌的风险与酒精摄入之间存在线性关系。

搜索之后我便渐渐了解到，喝酒给身体带来的主要是负面影响，对于这一点专家们早就已经达成了共识。这也就是为什么从 2015 年开始，荷兰卫生委员会一直建议民众每天最多只能喝一杯酒。

3. 拥抱不确定性

卡汉对于好奇心的研究仍然处于起步阶段，他的结论还需要通过重复实验加以证实。而即便所有重复实验得出的结果都一样，卡汉的结论也有可能被新的研究结果推翻。

你在报刊上读到的许多数据都是这个情况。这些数据来源都是一些做得很好的研究，只是现在下结论还为时尚早，因为它们仍然需要通过更多的研究加以证实。那既然这类不确定的数据并没有什么用处，我们不能干脆忽略掉它们吗？不，正如卡汉的研究所示，这些数据能帮助我们更好地了解世界，只不过我们得更加谨慎地看待它们。另外，我们还要记住一点：也许几年后就会出现不一样的结论。

酒精研究比卡汉的好奇心研究要复杂且先进得多。如果你在谷歌搜索栏输入“元研究”继续深入调查，很快你便会发现许多关于酒精的研究都得出了相同的结论。比如，现在乳腺癌与酒精摄入之间的因果关系就已经很牢固了。当年，在经过大量关于香烟的研究之后，科学家们对此说的是：民众已经知道得够多了。而现如今，这句话也正是研究酒精的科学家们要说的。

然而即便是结论确凿的酒精研究，也永远不会是百分之百确定，这就是科学的本质。曾有几项研究表明，适度饮酒实际上可以消除掉身体上的一些毛病，并且在酒精研究中，我们并不总是能将相关性和因果关系区分开来；在动物身上的研究与在人体上的研究也存在不同；到底喝多少酒才会对身体有害，尚且是个未知数。

人们想在心理层面自我消化掉这种不确定性。所以，那些信念坚定的人能够大量地活跃在脱口秀节目、政治辩论和报纸专栏中，这并不是没有原因的。“我很确定，就是这么一回事儿”——他们一个个都这么言之凿凿。

然而从定义上来说，对某些事情万分确定的人并不是好奇心很重的人。那些不惜一切代价坚守自己信念的人，则永远不会接受新的信息。如果我们想要处理好任何数据，概括地来说，处理好任何信息，那我们必须接受这种不确定性。我之前曾写过，数字是反映现实的一扇玻璃窗户，只不过它比磨砂玻璃更模糊一些，最多只能显示一个大致的轮廓。

但是，你却不能因此停滞不前。在某些时候，你必须做出选择。尽管存在不确定性，你依旧需要做出自己的选择。比如，关于酒精摄入这方面：“我是不是应该少喝一点酒？”数字无法替你回答这个问题。它看起来像是个让人们停止思考的理想借口，但其实，它无法提供任何现成的答案，最多只是帮助你更接近答案一点。

而且，不仅数字存在不确定性，还有一些无法用数字反映出来的其他因素也在发挥作用。你认为喝酒是多么重要的一件事？为了喝酒，你能冒多大的健康风险？大体说来，你的生活方式有多么健康？这些问题你都得自己掂量。

简而言之，意识到自己的感受，继续调查并接受不确定性，然后再评估自身。

最后的忠告：警惕其中的利益冲突

2018 年 6 月，科学家再次发布了一份有关饮酒后果研究的调查报告。不过，这篇文章讲的并不是研究结果，而是一个事实：该研究的实验终止得太早了。在这一系列有关酒精研究的实验中，最初的第一类实验使用的方法是让实验组的人在 6 年里每天喝一杯酒，或是让对照组里的人完完全全不喝酒。

进行这项研究的美国国立卫生研究院，其所需的 1 亿美元研究经费中的绝大部分来自酒精行业，这件事在此前就已经引发了很大的骚动。喜力、嘉士伯和其他酒类制造商都在支付名单上。而如今，一项内部的调查显示，科学家们曾向酒精行业承诺，该研究“在必要时可以为‘将酒类作为健康饮食的一部分’这个说法提供依据”。所以，这项研究被设计成了从实验中只能看见喝酒带来的好处，而那些有害的影响却是可以被忽视的。这也就是为什么该研究的实验持续时间特别短，因为很多癌症的发展速度极为缓慢，并且，某些类型的患者（例如家族中有得过癌症的人）也被排除在了实验之外。这是出于安全性的考量，但同时也减少了喝酒的人患癌症的概率。

如果你想要鉴别某种行为是不是滥用数据，了解认知偏差以及个人直觉很重要。不过，也许最重要的，你得弄清楚这个问题：这份数据由谁提供？数据的结果与此人存在利益关联吗？

后记　如何让数据回到正途

多年以来，我常常对人们各类糟糕的滥用数字的行为感到绝望。各种认知偏差不断涌现，个人直觉导致错误解读数据，各方利益掌握着真相的发掘——这一切都让人变得越来越沮丧。真是可惜，因为数字本可以帮助我们更好地了解世界，还能让世界变得更加美好。只不过这样的话，我们就必须小心谨慎地处理它们，并且，我们审视文字的时候有多严格，对待数字的时候也得有多严格。

现在，是时候将数字摆回到它该在的位置上了。自从我在 De Correspondent 新闻网站担任数据分析记者以来，我看到了越来越多振奋人心的举措——它们批评滥用数字的行为，或是质疑数字所起到的作用。这些举措证明了人们并非对此无能为力。

就拿国内生产总值来说。近年来，人们渐渐开始对 GDP

自身的局限性以及该指标在政府制定政策的过程中的决定性作用表示不满。因此，各个领域的科学家和组织均设计出了一些可以替代或者补充GDP的其他指标。许多国家开始衡量其公民幸福程度，OECD还提出了“美好生活指数”的概念，衡量一个国家的环境和劳动力市场的整体状况等。最近，荷兰的中央统计局也开始测量一个“广义的福利概念”，其中就包括研究目前社会的福利水平对子孙后代的影响。

再来说一说民意调查。荷兰莱顿大学的政治科学家汤姆·劳文斯已经受够了那些耸人听闻的、报道民意调查的新闻。甚至只要在一项民意调查中出现一个议会席位的差异，就足以上新闻。于是，他以“仅仅一项民意调查并不是真的民意调查”为由，创建了一个叫作“民意调查指南”的网站，收集了荷兰最重要的几项有关议会席位的民调结果。劳文斯的做法引起了许多人的关注，并且自2016年12月起，NOS所有提到有关议会席位的民调新闻，都只引用该网站的数据。

还有那些科学方面的问题，例如出版偏见和p值操纵，也正在慢慢地被解决。2012年以来，经济学和社会科学领域的研究人员可以在研究之前，向美国经济学会注册自己将要进行的实验。这样一来，别人就可以清楚地了解到他们的具体研究计划。之后，他们也就不能为了寻找显著的结果而一直无休无止地做下去。

在很长的一段时间内，重复研究并不那么受欢迎，因为研究人员必须拿出具有创新性的研究成果，才有可能将研究发表在期刊上。但近年来你会发现，这种类型的研究越来越多地涌现了出来。例如，美国开放科学中心就曾启动了一个面向心理学研究的可重复性项目，270 名科学家重复了 100 项心理学研究。随后科学家们就发现，这些研究的结果其实并不那么显著，得出显著结果的频率也没有那么高。如今，甚至还出现了专门发表重复研究成果的科学期刊。

然而，你可能更想知道，既不是政策制定者也不是科学家的你，如果担忧数字带来的影响，那你又能做些什么呢？

改变往往始于家庭，就从孩子的教育入手吧。你肯定听过很多关于 Cito 分数多么重要的说法，甚至还听说过小孩在上托儿所的时候就开始被 Cito 打分了。但是，也有一些老师和学校并不会常常给学生们打分。例如，中学经济学教师安东·南宁加就决定不再使用数字，而是用文字表示学生们在校时的表现。他在接受荷兰 Nivoz 教育基金会采访时曾说道，现在他再也不能躲在一个个数字后面了。“我现在必须为学生们提供可靠的反馈意见。”为选择了初级预备职业教育基础课程和框架课程[1]的三年级学生教德语的马丁·里格纳杜斯也决定，不再用数字表示学生的成绩。他在推特上这么回应我："这是一种解脱！学生们学习的动力变得更大了，课堂上的气氛也没那么紧张了（因为没有了考试的压力）。甚至连他们之前掌握不好的德语语法，现在都学得很不错了。"这些举措还仅仅处于试验的阶段，不过它们表明，人们的生活里可以没有数字。

另一个数字起主导作用的地方是我们的工作。把注意力过多地放在设立的目标、核对清单和关键绩效指标上面，就可能会影响工作的质量。同样，这些方面也是有可能改变的。一个名为"掌舵之人必须改变"的行动小组就是个很好的例子。该行动小组的成员均是荷兰的全科医生，他们已经成功地让将近四分之三的同行签署了他们在网上起草的宣言。而最终，他们在 2015 年与健康保险公司达成了一项旨在减少官僚主义的协议。

在荷兰蜂巢百货的工作场所，数字也在发挥作用。百货公司的几家分店就曾要求员工在顾客结完账后，让顾客用 1—

---

[1] 初级预备职业教育基础课程和框架课程（VMBO Basis/Kader）：荷兰的中学教育分为初级预备职业教育（VMBO）、普通高中教育（HAVO）和大学预备教育（VWO）。所有 VMBO 学生首先需完成低年级基础课程（前两年），到了高年级（后两年）学生就会由低年级的基础课成绩决定读哪个方向，直至毕业后拿到文凭。

方向的选择有：初级预备职业教育基础课程（Basis），毕业后升入中等职业教育（MBO）；初级预备职业教育框架课程（Kader），毕业后升入中等职业教育（MBO）；初级预备职业教育混合课程（Gemengde），毕业后升入中等职业教育（MBO）；初级预备职业教育理论课程（Theoretische），毕业后升入普通高中教育（HAVO）或中等职业教育（MBO）。

10 来评价他们的服务质量，最好还要在上面写清楚是哪位员工提供的服务。一位蜂巢百货的员工曾告诉荷兰时事电视节目 *Nieuwsuur*，一些同事为了得到更多好评，就让他们的家人给自己打 9—10 分的高分。之后，其他媒体也关注了该评价系统。荷兰工会联合会（FNV）的琳达·韦尔默朗还呼吁所有去蜂巢百货消费的顾客都给员工打 10 分。如此一来，最终的结果就变成了：顾客仍然可以提出自己的意见，但是员工则不再被强制要求让顾客提供对其服务的反馈意见。

人们甚至还可能和大数据算法对抗，“开放 SCHUFA”的倡议就是一个例子。SCHUFA 是德国最大的信用评级机构。一个人的信用分数会对其生活带来很大影响，但该机构却拒绝将它使用的算法公之于众。不过，德国公民可以根据法律规定，要求机构提供个人的信用报告。正因如此，开放知识基金会（OKFN）[1] 和算法观察组织（AlgorithmWatch）[2] 呼吁所有德国人向该机构索取自己的信用报告，并将其发送给他们。有了足够多的数据支持，他们就可以自己构建出 SCHUFA 所使用的算法。在短短几个月内，已经有超过 25000 人向该信用评级机构索取自己的信用报告。人们渐渐地开始觉得，弄清楚数字背

---

[1] 开放知识基金会（Open Knowledge Foundation，简称 OKFN）：一个于 2004 年在英国剑桥成立的非营利性组织，长期致力于在数位时代推广各类形式的开放知识。

[2] 算法观察组织（AlgorithmWatch）：一个总部位于柏林的非营利性研究和倡导组织，致力于评估和阐明与社会相关的算法决策流程。

后隐藏的内容很重要。

以上这些举措均表明，数字在我们的生活中发挥的主导作用并不是既定的，而是我们可以反对的。无论你是记者还是政策制定者、教师还是全科医生、警务人员或统计学家，数字都会影响你的生活。因此，你有权利干涉它。

数字是由我们人类创造的。因此，该如何使用数字也取决于我们自己。

核对清单
当你看到数据时，该怎么做

比方说，你在新闻中读到了一个数字，那么你该如何得知它是否正确呢？这时候你需要回答下面列出的六个问题。若是由于找不到研究依据而无法回答这些问题，那你就没有必要多加理会这个数字。假如研究人员并不清楚他所使用的研究方法，那这项研究也就不值得你关注。

(1) 这个数字是由谁提供的？

显示某项政策有利于统计经济的数据结果，是不是从提出该政策的政客那儿拿来的？表明巧克力对健康有益的研究，是不是由生产巧克力棒的玛氏食品公司资助的？仔细地找一找这个问题的答案，并搜索其他资料来源。

(2) 我对这个数字有什么感觉?

这个数字令你快乐还是害怕，生气还是悲伤？请注意，你要做的不仅仅是接受或者驱散自己的感觉。意识到直觉的存在，并从另一个角度寻找其他资料来源。

(3) 人们是如何将它标准化的?

这个数字描述的是一个人为创造出来的概念吗，例如经济增长或智力？如果是，那我们就需要额外注意一下了。在测量时，人们做出了哪些（道德上的）选择？这个数字是否最终会膨胀到脱离其本来的含义，变成对另外一个事物的描述？尝试去搜索一下，假如用其他方法衡量这个概念，得出的数据结果会是什么样。

(4) 数据是如何被采集的?

把你自己想象成该研究的参与者。研究中是否有几个问题会把你往特定的方向上引导？有没有在某种情况下，你宁可说谎也不愿意说实话？如果答案是肯定的，那你也要多留意一下这份数据了。还有，假如该研究的样本并不是随机抽取的，那么你就得明白一点：这份数据仅仅适用于被研究的那个特定群体。

(5) 数据是如何被分析的?

这份数据是否涉及了一种因果关系？如果是，那就需要回答以下三个问题：有可能是偶然事件吗？还有其他因素在其中起作用吗？这种因果关系反过来说也成立吗？无论如何，你都不能认为某项研究永远是对的。去搜索一下能显示整个研究领域内容的元研究，或者去查一下所有与之相关的民意调查的合集，比如“民意调查指南”。

（6）数据是如何呈现的？

最后来说一些在数字的呈现方式中经常出现的错误。

- **一个平均值**：如果数据中存在着能将其大幅拉高或者降低的异常值，则该平均值并不能完全反映整体情况的平均水平。
- **一个精确的数字**：有各式各样的原因均能导致数字最终无法被十分精确地呈现出来。请不要被从表面上看起来很精确的数字欺骗。
- **一份排名**：通常来说，在一份排名中的上下两个位次之间并没有什么太大的区别，因为其中存在不确定性。
- **一个风险**：当你读到“患某种疾病的可能性增加了 x%”时，如果你不知道这 x% 是什么的百分之 x，那这句话其实没有什么意义。因为若是原本的可能性就很小，那么增加了百分之 x 之后的可能性依然很小。
- **一张图表**：一个不合适的纵轴可能会扭曲整张图呈现出

来的结果。请确保它没有受到过度的拉伸或挤压。

我的研究将会继续在 De Correspondent 新闻网站上进行。

想要了解更多相关信息，请登录该网址查询：decorrespondent.nl/sanneblauw。

说明与推荐阅读

本书的部分内容曾发布在 De Correspondent 新闻网站、我自己的博客“Out of the Blauw”以及荷兰小额信贷私营金融机构 Oikocredit 的博客上。

我想写一本适合所有人看的书，这也是本书内容比较紧凑的原因。同时，这必然意味着我无法对其中的每一个主题都进行更深入的探讨。幸运的是，市面上已经有许多本关于滥用统计学、数字化社会的历史以及前面我们讨论过的其他主题的著作。

尽管达莱尔·哈夫有过不光彩的历史，但我依然要推荐他的那本《统计数字会说谎》(Darrell Huff, *How to Lie with Statistics*)。我还想推荐大家阅读两本书，一本是由查尔斯·塞费所著的《数字是靠不住的》(Charles Seife, *Proofiness*)，另一本是乔丹·艾伦伯格的《魔鬼数学》(Jordan Ellenberg, *How Not to Be Wrong*）。此外，若你想了解滥用数字在时事中的情况，你可以收听 BBC 的广播节目《数字知多少》（*More or Less*），关注耶尔克·贝特勒汉教授的博客"PeilingPraktijken"，并留意报纸上的"事实核查"专栏。我还要大力推荐大家关注一个名为"StukRoodVlees"的荷兰政治科学博客。

如果你想了解更多有关数字化社会的历史的信息，我建议你阅读詹姆斯·斯科特的《国家的视角》（James C. Scott, *Seeing Like a State*）和尤瓦尔·诺亚·赫拉利的《人类简史》（Yuval Noah Harari, *Sapiens*）。若你想了解有关智商测试的历史，请阅读斯蒂芬·杰伊·古尔德的《人类的误测》（Stephen Jay Gould, *The Mismeasure of Man*）。想要了解与 GDP 有关的信息，我推荐黛安娜·科伊尔的《极简 GDP 史》（Diane Coyle, *A Brief But Affectionate History*），这本书写得十分精彩。想回顾一下民意调查的历史，从萨拉·伊戈的《平均美国人》（Sarah Igo, *The Averaged American*）开始读是个不错的选择。而若你想获取有关性学研究的更多信息，我则强烈推荐戴维·斯皮格尔哈尔德的《数字化的性别》（David Spiegelhalter, *Sex By Numbers*）。在罗伯特·普罗克特的《黄金大屠杀》（Robert Proctor, *Golden Holocaust*）以及内奥米·奥利斯克斯和埃里克·康韦合著的《贩卖怀疑的商人》（Naomi Oreskes, Erik Conway, *Merchants of Doubt*）这两本书内，均有写到烟草行业惯用的各种手段。想要了解更多有关大数据和算法的信息，请参阅凯西·奥尼尔的

《算法霸权》(Cathy O'Neil, *Weapons of Math Destruction*)以及我的两位同事，毛里茨·马丁和迪米特里·托克梅齐斯的《你的确需要隐藏些什么》(Maurits Martijn,Dimitri Tokmetzis, *Je hebt wél iets te verbergen*)。丹尼尔·卡尼曼在他的《思考，快与慢》(Daniel Kahneman, *Thinking Fast and Slow*)一书中，对人类解读数据时的心理过程描写得非常棒。菲利普·泰洛克和丹·加德纳合著的《超预测》(Philip Tetlock, Dan Gardner, *Superforecasting*)则告诉读者，人们的心态如何在做出预判和解读现实的时候发挥作用。

最后，下列的人物传记也非常值得一读：阿奇博尔德·科克伦和马克斯·布莱思的《一个人的医学》(Archibald Cochrane, Max Blythe, *One Man's Medicine*)、马克·博斯特里奇的《弗洛伦斯·南丁格尔》(Mark Bostridge, *Florence Nightingale*)以及詹姆斯·琼斯的《阿尔弗雷德·查尔斯·金赛》(James Jones, *Alfred C. Kinsey*)。

致谢

一本书不止几十页纸那么简单。同样，写作也不仅仅是在电脑中输入尽可能多的单词而已。即便封面上的作者一栏中只写有我的名字，但这本书是由我和我身边的许多人共同完成的作品。有一句谚语是这么说的："倾全村之力才能抚育一个孩子。"而对于这本书来说可就不只是"全村之力"了，得是一个"中型省会城市的力量"。

首先，我要感谢 De Correspondent 新闻网站的全体会员。这些年来，你们为我提供了许多想法，磨砺了我的思想，并且让我相信，数字这个主题值得我去写一本书。能够在如此温暖又富有好奇心的环境中工作，对我而言是件非常幸运的事。

同样温暖又富有好奇心的还有荷兰人文与社会科学高等研究院的同事们。为了写这本书，我作为常驻记者在研究院工作了五个月的时间。多亏了在那儿的其他记者同行和研究院的工作人员，我才能对一些内容进行更深层面的探索，而这些都是写这本书时不可缺少的环节。我十分感谢荷兰“特殊新闻项目基金会”的资助，它使我的这些经历成为可能。

我曾经将若干章节发给一些订阅我的电子资讯信息的读者，请他们对文章提点儿意见。他们发回来的反馈真的让我受宠若惊。在这里我想感谢贝伦德·阿尔贝茨、荷拉德·阿尔贝茨、洛特·范迪伦、艾菲·东斯、马赛尔·哈斯、伊娃·德胡鲁、扬内克·克吕格尔、安可·里希特斯、朱迪思·特舒尔、爱德华·范瓦尔肯堡和约里斯·范福赫特，他们给我的建议和批评都让我受益匪浅。

同时，非常感谢卡斯珀·阿尔贝斯、安娜·阿尔贝茨、耶尔克·贝特勒汉、罗希尔·克雷梅斯、尼内特·范哈塞尔特、万达·德坎特、丹尼艾尔·拉肯斯、汤姆·鲁维瑟、马瑞克·范穆里克和丹尼尔·米格，他们为我的写作提供了非常专业的指导意见。

感谢芭芭拉·巴尔斯曼、鲁特格·布雷格曼、彼得·德尔克斯、约瑟夫·范戴克、费姆科·霍尔塞马、巴斯·哈林、罗桑妮·赫茨贝格和约尼卡·斯梅茨推荐这本书。特别是他们在百忙之中还抽出时间来读我的书，谢谢。

接下来是我在 De Correspondent 的同事们。不到四年的时间，当初我所“认识”的你们都还只是一张张的照片，而现在你们已经成了一个个有血有肉的人。对我而言，你们不仅仅是我的工作伙伴。感谢你们对我的支持。和你们共事，我很幸福。

我要感谢我的老板罗布·韦恩贝格，这本书的书名是他想出来的，也是他给了我一份理想的职业。我也十分感谢迪米特里·托克梅齐斯，他对我的书稿提了很多批评和改进的意见。我还要感谢迈特·韦尔默朗，她教了我许多有关新闻学的知识，我们随后成了非常好的朋友。另外，我的朋友和导师鲁特格尔·布雷格曼，谢谢你。

我十分惊讶，这本书从手稿到问世，受到了那么多人的关照和爱护。通过哈拉德·邓宁克（艺术设计）和蒂姆·贝耶尔（产品指导）的努力，书中的任何一个细节都是那么美丽。里昂·波斯特马为书设计了精美的封面，他在内页的装饰部分也花了大量精力，并且还和里昂·德科尔特一起制作了书中的所有插图。安内利克·蒂利马梳理了书稿中所有细小的错误，并进行了非常细致的校对工作。还有费尔勒·范维克在财务方面也帮了我很大的忙。

我最感谢的是团队中的那些“硬核”成员。总编辑安德烈亚斯·约恩克斯，谢谢你那些犀利的评论，以及你为了让更多人关注这本书而付出的坚持不懈的努力。

这本书的发行人米卢·克莱因·兰克霍斯特，当我们刚刚开始讨论如何出版这本书的时候，我还是个什么都不懂的新手。谢谢你的信任，能和你一起工作是我的荣幸。

还有我的编辑哈明克·梅登多普。在那些孤单又漫长的写作时间里，是你常常陪在我左右。在我的整个写作生涯中，我都不会忘记你教会我的那些东西，你真的是一个非常棒的人。

我是在荷兰的米德尔堡市长大的。我深爱着这座城市，没有它就不会有这本书。这句话听起来是那么浪漫，像是一位作家退休时说的话。但如果我的家人、朋友没有时不时地将戴着降噪耳机写作的我拉回现实，我一定会发疯。

安娜·德布勒克勒、卡洛塔·范海伦贝里胡巴和卡利·扬森，在我的人生中有你们相伴是一件多么开心的事情。谢谢你们愿意倾听我说话，也谢谢你们的幽默和信任。

希尔克·布劳和玛丽克·朗根，你们一家是我生命中的小太阳。帮我转告米斯、皮亚和佩皮，桑内姑姑很快就会再去看他们的。

于勒·布劳和耶杰·布劳林多，谢谢你们让我做了一件比写书更可怕的事情。帮你们俩证婚的那一天是我一生中最美好的日子之一。

切尔德·布劳和多米尼克·威廉斯，非常感激与你们在米德尔堡一起吃的每一顿午餐。我保证，为了能每天加入你们的聚会，我很快就会再想出一个新的借口来。

马赖克·范穆里克，我的母亲。这本书献给你，因为你教会了我什么是生活。谢谢。

图书在版编目（CIP）数据

数据如何误导了我们：普通人的统计学思维启蒙书 /（荷）桑内·布劳著；冯皓珺译．— 广州：广东人民出版社，2021.7

书名原文：The Number Bias: How Numbers Lead and Mislead Us

ISBN 978-7-218-15053-6

Ⅰ．①数…　Ⅱ．①桑…　②冯…　Ⅲ．①统计学—通俗读物　Ⅳ．① C8-49

中国版本图书馆 CIP 数据核字（2021）第 097292 号

著作权合同登记号 图字：19-2021-013 号

SHUJU RUHE WUDAO LE WOMEN: PUTONGREN DE TONGJIXUE SIWEI QIMENGSHU

数据如何误导了我们：普通人的统计学思维启蒙书

（荷）桑内·布劳 著；冯皓珺 译

出 版 人：肖风华

责任编辑：陈　晔
装帧设计：@吾然设计工作室
美术编辑：梁全新
特约编辑：庞梦莎　麦　娄

出　　版：广东人民出版社
地　　址：广州市新港西路204号2号楼（邮政编码：510300）
电　　话：(020) 85716809（总编室）
传　　真：(020) 85716872
网　　址：http：//www.gdpph.com
发　　行：未读（天津）文化传媒有限公司
印　　刷：三河市冀华印务有限公司
开　　本：880毫米 ×1230毫米　1/32
印　　张：6.5　　　　字　　数：120千
版　　次：2021年7月第1版
印　　次：2021年7月第1次印刷
定　　价：68.00元

关注未读好书

未读 CLUB
会员服务平台

本书若有质量问题，请与本公司图书销售中心联系调换
电话：(010) 52435752